O MANDAMENTO ESQUECIDO: AME A SI MESMO

Não é na Bíblia que ele está faltando.
Ele está faltando em nossa vida.

O MANDAMENTO ESQUECIDO: AME A SI MESMO

Edição ampliada (com perguntas e exercícios práticos)

COMO AMAR A SI MESMO DA MANEIRA
QUE DEUS O AMA PODE TRAZER CURA
E LIBERTAÇÃO À SUA VIDA

JERRY E DENISE BASEL

Conheço Jerry e Denise há quase três décadas. Esses dois acadêmicos que se tornaram terapeutas bem preparados conhecem corações sofridos e o coração de Deus como poucos. Em *O mandamento esquecido: ame a si mesmo*, eles colocam a saúde emocional e espiritual em uma base sólida de amor — por Deus, pelos outros e por nós mesmos.

—Gary W. Moon, mestre em Divindade, ph.D., diretor-executivo do Dallas Willard Center for Christian Spiritual Formation; autor de *Aprendiz de Jesus*

Jerry e Denise Basel estão vivendo de maneira profunda o crescente movimento de autores, compositores, teólogos e pessoas comuns com coragem de expressar, crer e experimentar. São as boas novas originais, voltadas para desmascarar as mentiras sobre nós que contamos a nós mesmos. O casal Basel mostra com confiança o surpreendente amor do Pai, o que, por si só, permite-nos amar a nós mesmos de maneira honesta, profunda e maravilhosa.

—John Lynch, Bruce McNicol e Bill Thrall, coautores dos sucessos de venda *The Cure*, *Bo's Cafe* e *The Ascent*

Ao ler *O mandamento esquecido: ame a si mesmo*, você precisa estar pronto para uma espécie de cirurgia do coração. Durante a leitura, senti as mãos invisíveis da graça amenizarem a dor e a dormência de meu coração. Se você deseja viver com todo o seu coração e sentir Jesus vivendo em — e por meio de — você, este livro é uma leitura obrigatória.

—Pablo Giacopelli, treinador de tênis profissional da WTA Tour; autor de *Holding On Loosely* e *The Modern Fig Leaf*.

A mensagem do amor do Pai é incrivelmente importante nestes tempos. Jerry e Denise Basel têm uma clara unção para ministrar esta mensagem aos que sofrem e aos que estão destruídos. Eles têm plena consciência da necessidade do ministério nesta área, não apenas porque têm ampla experiência em aconselhamento e ensino, mas também porque eles mesmos vivem perto do coração de Deus.

—Billy Humphrey, diretor da International House of Prayer Atlanta; autor de *To Know Him*

Escrito a partir da visão compassiva de terapeutas experientes, Jerry e Denise nos guiam cuidadosamente pelas várias questões da vida em direção aos braços abertos do Pai. Repleta de informações bíblicas precisas, testemunhos comoventes, conselhos profissionais e exercícios práticos, esta é, de fato, uma leitura enriquecedora.

—Ed Piorek, Father Loves You Ministries; palestrante;
autor de *Father Loves You* e *The Central Event*

O mandamento esquecido: ame a si mesmo é uma leitura obrigatória para todos os interessados em aprofundar-se no amor íntimo e pessoal que nosso Pai celestial tem por nós. Amar a nós mesmos de maneira saudável é simplesmente entrar em acordo com o modo como Deus já nos ama. Jerry e Denise fizeram um trabalho maravilhoso no sentido de comunicar essa verdade simples, mas profunda.

—Barry Adams, Father Heart Communications; palestrante;
autor da *Carta de Amor do Pai*

Em *O mandamento esquecido: ame a si mesmo*, Jerry e Denise guiam o leitor a uma expedição que irá ajudá-lo a descobrir quem ele realmente é: a pessoa gloriosa que Deus o criou para ser e a quem ele de fato ama.

—Gary Barkalow, fundador do The Noble Heart;
autor de *It's Your Call: What Are You Doing Here?*

Este livro não é apenas informação; é um caminho guiado para a cura, a restauração, a plenitude, o perdão de si mesmo e a libertação da vergonha. O casal Basel escreveu esta obra com simplicidade, usando textos bíblicos narrativos e repletos de graça, e baseou-se em experiências pessoais e no testemunho de outras pessoas. Este trabalho é uma leitura obrigatória para pastores, conselheiros e pessoas que buscam um caminho sólido para se libertarem das feridas e das mentiras que as enlaçam. Por certo, este livro será um companheiro para mim, enquanto reflito sobre minha própria jornada e aconselho outras pessoas.

—Tom Colwell, diretor do departamento de cuidado pastoral, Credential Holders and Pastors, Pentecostal Assemblies of Canada, Western Ontario District;
cofundador da Men of Life Ministries, Canadá

Estou tão empolgado com este livro que me faltam palavras. Acho que nunca li nada parecido: um livro pessoal e, ao mesmo tempo, didático cuja leitura flui muito facilmente. Foi como se eu estivesse sentado na sala de aconselhamento, conversando com Jerry e Denise. O modo fácil como eles escrevem, chegando ao xis da questão, veio de modo natural. Pensei em meus pacientes no centro de dependência e pude vislumbrar vidas transformadas pela leitura deste livro.
—Dr. Bill Curnow, L.I.F.E. Coaching International, Wyoming, Michigan

Finalmente, tenho em mãos um livro único e sólido que posso oferecer aos meus pacientes para ajudá-los a chegar ao xis do problema! Todos nós precisamos conhecer, por experiência própria, o profundo amor do Pai por nós, a fim de que sejamos livres para ser quem ele nos fez para ser — capazes de amar e viver de maneira plena, porque nosso coração está de todo convencido de que somos seres humanos amáveis, dignos e valiosos. Eu sinceramente recomendo este livro!
—Lorraine Turbyfill, mestre em Educação, conselheira profissional licenciada; terapeuta sexual certificada

O mandamento esquecido: ame a si mesmo é uma pérola para todo seguidor de Cristo, sobretudo para aqueles chamados a ajudar outros no processo de cura interior. Jerry e Denise articularam de modo cuidadoso o coração do Pai sobre a questão de amar a nós mesmos. Se você é pastor, deveria ler este livro para fazer uma reflexão pessoal e descobrir mais profundamente a maravilhosa graça de Deus. Este livro também se tornará uma ferramenta poderosa nas mãos dos membros de sua igreja, à medida que eles também procurarem amar o que Deus ama: a si mesmos. Sua igreja terá uma medida maior do amor de Deus para oferecer a um mundo sofrido, destruído e perdido.
—Greg Mayo, pastor sênior, Cornerstone Church of Augusta

Este livro chega aos lugares mais profundos do coração, preenchendo uma parte ausente na formação espiritual, a qual tem sido amplamente negligenciada pela igreja. O casal Basel nos direciona para o Deus Pai, ajudando-nos a ver a nós mesmos como o Senhor nos vê. Com graça e verdade, esse casal nos mostra o caminho para experimentarmos a cura interior e entendermos o coração do Pai em relação a nós. Se você procura um material para ajudá-lo a experimentar o amor do Pai de uma maneira profunda e nova, aqui está!

—Rick Mailloux, pastor (aposentado), Brethren in Christ Church

Um dos grandes obstáculos para as pessoas receberem o amor do Pai é a incapacidade de verem a si mesmas como ele as vê. Jerry e Denise fazem um trabalho magistral no sentido de ajudar os leitores a encontrar um caminho de cura do ódio e da baixa autoestima que muitos abraçaram ao longo de toda a sua vida. *O mandamento esquecido: ame a si mesmo* não deve ser ignorado.

—Roger e Gerri Taylor, cofundadores da Places In The Father's Heart, Inc.; coautores de *Our Glory Stories* e *The Heart of Marriage*

Em memória de
Shelley Byers
(1971—2012),
nossa filha espiritual,
amiga especial e melhor líder de torcida.
Você só conseguiu ler os dois primeiros capítulos deste livro.
E, mesmo assim, estava pronta para oferecer um exemplar
a todos que conhecia.
Shelley, nós nos veremos de novo algum dia, e que dia será!
DE VERDADE!
Até lá, você sempre viverá plenamente em nosso coração.
Nós a amamos e sentimos muito sua falta.

O Mandamento Esquecido: Ame a Si Mesmo, Edição ampliada
(com perguntas e exercícios práticos)
Copyright © 2013, 2018, Jerry e Denise Basel
Publicado originalmente por J & D Publications, Cleveland, Geórgia (Estados Unidos).
www.jerryanddenisebasel.com

Dados Internacionais de Catalogação na Publicação (CIP)
BASEL, Jerry e Denise
Título original em inglês: *The Missing Commandment: Love Yourself*
Título em português: *O Mandamento Esquecido: Ame a Si Mesmo* — Edição ampliada (com perguntas e exercícios práticos)

Rio de Janeiro: 2020
240 páginas
ISBN: 978-0-578-59851-2
1. Vida Cristã 2. Autoajuda I. Título II.

Editor: Bob Hartig
Tradução: Valéria Lamim Delgado Fernandes
Revisão: Patrícia Nunan
Projeto editorial e diagramação: Frank Gutbrod
Capa: Jeff Gifford
Foto de capa: Austin Koester

Os textos bíblicos foram retirados da Nova Versão Internacional (NVI), da Sociedade Bíblica Internacional, e visam incentivar a leitura das Sagradas Escrituras. Eventualmente foram utilizados textos da Almeida Revista e Atualizada (ARA), da Sociedade Bíblica do Brasil, e de A Mensagem (MSG), da Editora Vida, Edição do Kindle.

Todos os direitos reservados. Não é permitida a reprodução total ou parcial desta obra, por quaisquer meios, sem a prévia autorização por escrito dos autores.

Salvo indicação em contrário dos autores, nomes, datas, locais e outros detalhes foram propositadamente alterados para proteger a identidade e privacidade das pessoas mencionadas no livro.

O MANDAMENTO ESQUECIDO: AME A SI MESMO

Agradecimentos		*1*
Introdução		*3*
Capítulo 1	Ame o que Deus ama	*7*
Capítulo 2	"Mas isso não seria egoísmo?"	*25*
Capítulo 3	Venha como uma criança	*33*
Capítulo 4	O que Deus sente em relação nós?	*45*
Capítulo 5	Recuar para avançar	*67*
Capítulo 6	Bases da fundação: confiança e identidade	*87*
Capítulo 7	Escudos levantados: as maneiras por meio das quais nos protegemos	*107*
Capítulo 8	Vergonha e as mentiras em que acreditamos	*125*
Capítulo 9	O bom sofrimento: do perdoar-se ao aceitar-se	*145*
Capítulo 10	Maravilhosa graça: as boas novas são boas demais para serem verdade	*163*
Capítulo 11	Amar a quem Deus ama	*179*
Aprofundar-se: Histórias para fazê-lo avançar em sua jornada de cura		*189*
Epílogo		*221*
Notas finais [fontes bibliográficas]		*223*

AGRADECIMENTOS

Primeiro agradecemos a Deus, nosso Pai. Obrigado, Pai, por dar-nos um vislumbre de seu coração palpável, mas incomensurável, por nós e por inspirar-nos a escrever este livro. Obrigado por trazer seus tesouros — seus filhos — ao ministério The Father's Heart Intensive Christian Counseling Ministry [Ministério intensivo de aconselhamento cristão do coração do Pai] e por confiar-nos a dor e o coração partido deles. Sentimo-nos honrados e aceitamos, com humildade, sua confiança em nós. Estamos impressionados com o modo como o Senhor articulou uma conexão entre nós e as pessoas de todas as partes dos Estados Unidos e do mundo.

Aos nossos pacientes, obrigado por nos confiarem seu coração partido e sua vida. Suas histórias nos tocam e chegam ao nosso íntimo. Vocês nos enriquecem com uma faceta do coração do Pai que nunca teríamos visto sem que nos permitissem fazer parte de sua jornada de cura e de sua história de vida. Vocês nunca serão esquecidos!

À Glória, irmã de Denise, que foi a primeira a ler (mais de uma vez) nosso livro e a fazer observações críticas, obrigado por todas as sugestões valiosas e palavras de encorajamento sincero que você nos deu. Nosso favorito foi o e-mail em que você disse: "Li até a página 12 e já estou chorando... de novo! EU AMO ESTE LIVRO!" Essas palavras significam mais do que você pode imaginar!

Aos membros do Conselho, nossos intercessores, nossos amigos, nossos familiares, obrigado por seu amor, suas orações e seu constante incentivo. Vocês fazem diferença! — E somos muito gratos pelo coração que vocês têm por nós e por este ministério!

INTRODUÇÃO

Este livro fala sobre o coração — o seu e o nosso. Desde o início de nosso ministério, Deus deixou claro que o coração seria central em tudo o que fizéssemos. Enquanto eu (Jerry), muitos anos atrás, passava por um intenso período de dois anos de cura emocional, conscientizei-me de que havia muitas coisas sobre o coração — o meu e o de Deus — que eu não entendia. Durante esse período, eu me dei conta de como meu coração havia sido afetado por feridas da infância e compreendi que Deus tinha um plano para restaurá-lo e curá-lo.

Denise e eu éramos professores universitários na época, e Deus começou a compartilhar que a cura de meu coração também envolveria uma mudança significativa em meu chamado pessoal e em minha sorte. Ao entrar para participar de um culto na igreja, em um domingo, pude "ver" e sentir a condição emocional das pessoas ao meu redor. Embora a maioria parecesse bem e feliz exteriormente, percebi que muitas estavam de fato sofrendo no íntimo. Cada uma delas usava uma máscara que cobria sua verdadeira condição, e comecei a sentir a tamanha dor que Deus Pai sentia pelo coração partido de seus filhos. Com o passar do tempo, Deus deixou claro para Denise e para mim que deixaríamos nosso cargo como professores universitários e administradores, e seguiríamos seu caminho para sermos agentes da cura que ele queria ministrar a outros.

Ao longo das Escrituras, quando Deus colocava seu nome em alguma coisa, ela era sempre importante. Antes de iniciarmos nosso ministério em 1995, não tínhamos em mente um nome específico para ele. Então Deus me deu o nome "The Father's Heart" [O coração do Pai], e eu soube que o nome vinha dele. Com o passar dos anos, voltamos repetidas vezes a uma verdade fundamental: o Pai busca ardentemente o coração de cada um de nós e fará o que for preciso para recuperar, curar e restaurar aqueles lugares nele que foram feridos.

Durante os primeiros anos deste ministério, eu (Denise) tive um sonho, e nele Deus me mostrou seu coração. Era inacreditavelmente grande, além de qualquer coisa que eu pudesse imaginar. Estava claro neste sonho que o coração de Deus tinha muitas expressões, e, toda vez que Deus "virava o rosto" um pouco, eu podia ver outro aspecto de seu coração. Também estava claro que eu poderia passar a vida inteira buscando seu coração e nunca tê-lo de todo revelado. Parecia que Deus queria que eu soubesse duas coisas: seu coração se expressa de várias maneiras e os desejos de seu coração para seu povo são infinitos.

Com nossa experiência de trabalhar com centenas de pacientes desde 1995, temos visto que a incapacidade das pessoas de amar a si próprias tem sido o maior obstáculo em sua capacidade de amar a Deus e aos outros, e de andar em liberdade e plenitude.

Quando nos amamos, experimentamos maior paz e alegria na vida, e nos tornamos mais capazes de cumprir o destino que Deus coloca dentro de nós. Foi essa poderosa verdade e suas implicações para nossa vida que nos inspiraram a escrever este livro.

Há outra razão importante para tê-lo escrito: esclarecer que esta necessidade essencial — a capacidade de amar a nós mesmos — é bíblica. De fato, é mais do que apenas bíblica; é uma verdade essencial para os cristãos conhecerem, experimentarem e viverem. Não fazer isso cria um conflito emocional e espiritual dentro de nós. No entanto, muitos na comunidade cristã agem com base em uma má compreensão e com erro em relação a esse tópico.

Ainda que este não seja um livro sobre a teologia de amar a si mesmo, esperamos lançar luz bíblica suficiente sobre o assunto para que muitos que antes rejeitavam a noção de amor-próprio passem a considerá-lo essencial a uma boa saúde emocional e espiritual.

Embora este livro possa ser benéfico para alguém que ainda não confiou seu coração aos cuidados de Jesus Cristo, nosso público-alvo é quem já fez isso. Em outras palavras, estamos pensando em cristãos — pessoas que creem nas boas novas de Jesus Cristo — que são incapazes de amar a si mesmos (e que talvez nem saibam disso).

Ao longo deste livro, faremos referência com frequência às expressões *verdadeiro eu* e *falso eu* (às vezes chamadas de *eu particular* e *eu público*, respectivamente). Acreditamos que, embora muitos fatores moldem quem nos tornamos à medida que avançamos desde o nascimento até a idade adulta, Deus colocou em nós uma identidade central que ele deseja que se revele em nossa vida. Também acreditamos que percebemos melhor esta identidade central quando vivemos a partir de nosso coração, dos desejos que Deus colocou em nós e do nível de liberdade em que andamos. Esta identidade central baseada no coração é o que queremos dizer quando nos referimos ao nosso *verdadeiro eu*.

À medida que avançamos nos anos de formação da infância, em geral aprendemos várias maneiras de adaptar-nos à adversidade. Nosso *verdadeiro eu* se esconde ou até mesmo fica perdido, e começamos a agir de acordo com outra identidade: nosso *falso eu*.

O *falso eu* pode manifestar-se de várias maneiras: tornar-se forte e controlador, perfeccionista e orientado ao desempenho, passivo e complacente, e assim por diante. Muitos de nossos vícios surgem porque vivemos nosso *falso eu*. Ele é uma máscara atrás da qual nos escondemos, muitas vezes inconscientes de que estamos fazendo isso.

Mas Deus deseja algo muito diferente para nós. Ele está nos chamando de volta ao seu projeto original para nós — nosso *verdadeiro eu* e nosso *verdadeiro coração* — para que possamos amar de modo mais livre, profundo e efetivo, e cumprir nosso destino que vem de nosso interior.

Uma vez que as partes mais jovens e infantis de nós mesmos em geral estão mais próximas do intento original de Deus para nós, muitas vezes usamos estes termos — *parte mais jovem* e *parte infantil* — como sinônimos de nosso *verdadeiro eu*.

Um livro não pode substituir os benefícios de alguém se tratar individualmente com um terapeuta. Dito isso, esperamos oferecer um processo pelo qual você possa: (1) identificar se tem dificuldade em amar a si mesmo e até que ponto; (2) identificar as principais razões pelas quais você não se ama; e (3) iniciar um processo pelo qual você possa, finalmente, começar a amar o que Deus ama — você — e levar a vida de uma posição de segurança no amor de Deus.

Este livro não foi concebido para ser lido como um romance; é um roteiro para a plenitude e a alegria que pode fazê-lo passar por lugares difíceis, e talvez haja pontos de parada. Nós o encorajamos a estabelecer seu próprio ritmo. Entendemos que, para alguns leitores, este livro pode trazer à tona questões delicadas e dolorosas. Se você se vir diante de emoções insuportáveis, recomendamos que permaneça na seção que o está impactando e processe lentamente o material.

Também recomendamos que você procure ajuda adicional se achar que precisa de assistência durante a leitura desta obra. Reconhecemos que nem a redação deste livro nem a cura e plenitude que esperamos que você descubra por meio dele podem ocorrer sem o envolvimento direto do Espírito Santo. Assim, enquanto começamos juntos esta jornada, nós o convidamos a fazer esta oração conosco:

ORAÇÃO

Senhor Jesus, eu te convido a me dirigires e me guiares neste tempo de exploração, revelação e cura. Tu sabes tudo sobre mim — tudo o que há em mim — e me amas. Abre meus olhos para que eu veja o que gostarias que eu visse e sinta o que gostarias que eu sentisse.

Vieste como Aquele "cheio de graça e de verdade". Agora, por favor, dá-me tua graça enquanto estudo também este tópico — amar a mim mesmo — e permite que eu saiba e experimente a verdade sobre como realmente me vês. É meu desejo andar em maior plenitude e liberdade, e, por fim, amar-te mais e levar teu amor aos outros. Confio em ti neste sentido e dependo de ti. Amém.

Bem-vindo à jornada! Ao longo do caminho, nós — Jerry e Denise — compartilharemos com você partes de nossa história pessoal, bem como histórias de pessoas com as quais trabalhamos. É uma honra que você tenha escolhido percorrer este caminho conosco!

CAPÍTULO 1

AME O QUE DEUS AMA

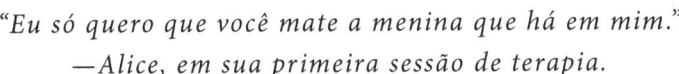

"Eu só quero que você mate a menina que há em mim."
—Alice, em sua primeira sessão de terapia.

Acredite ou não, essa foi a resposta de Alice à primeira pergunta que fizemos em sua primeira sessão de terapia conosco. A pergunta foi: "O que você espera que aconteça durante seu tempo com a gente para que, quando tiver alta, você diga: 'Que bom que eu vim!'?"

Imagine nossa expressão diante da resposta de Alice! Afinal, ela estava indo ao *Father's Heart Ministry*, cujo nome sugere um resultado mais amoroso do que Alice imaginava. Como ela logo descobriria, a menina que havia nela era a parte que precisava ser curada e restaurada ao projeto original do Pai, e não ser morta.

Não sei onde eu (Denise) aprendi que não havia problema algum em odiar a mim mesma, em não gostar de mim ou em pensar coisas vergonhosas a meu respeito, mas tenho plena certeza de que veio com minha criação católica. Fui criada como uma boa menina católica que se confessava com o padre quase todas as semanas. Era algo assim: "Padre, me perdoe. Faz uma semana que fiz minha última confissão. Ofendi minhas irmãs quatro ou cinco vezes. Desobedeci aos meus pais duas ou três vezes. Menti uma ou duas vezes. Eu me arrependo desses pecados e de todos os pecados da minha vida no passado". Muitas vezes inventei pecados e momentos pecaminosos para assegurar que minha confissão incluísse todos os mandamentos.

Em um traumático dia, encontrei um livrinho preto na gaveta da cômoda de minha mãe. Era uma lista abrangente (falando sério, era RE-AL-MEN-TE abrangente) de todos os pecados que se poderia cometer sob cada um dos Dez Mandamentos. Minha leitura nunca foi além da lista que vinha no primeiro mandamento. Nunca. Naquele momento, eu estava ciente de tantos pecados para confessar ao padre que fiquei morrendo de medo de ler mais.

Minha irmã de dez anos também encontrou o livro. Certa noite, depois que ela o leu e descobriu como era supostamente má, lembro-me de sentir-me apavorada com a possibilidade de ela morrer durante a noite e ir para o inferno. Não sei o que uma criança de sete anos sabe sobre oração de intercessão, mas fiz minha parte, orando e ficando preocupada a maior parte da noite.

Naquela semana, não querendo correr o risco de deixar algum pecado escondido, minha irmã confessou ao padre que havia cometido adultério. Acho que ela pensou que, se existia um pecado por aí, ela talvez o tivesse cometido. O padre lhe perguntou: "Quantos anos você tem?" Ele não disse mais nada quando minha irmã respondeu que tinha dez anos. Tenho certeza de que ela não teve de fazer nenhuma penitência por aquilo.

Naquela época de minha vida, eu me esforçava ao máximo para agradar a Deus — para estar à altura de qualquer que fosse seu padrão (nunca tive plena certeza) e ser boa o suficiente para ganhar seu favor, a fim de que coisas ruins não acontecessem comigo nem com minha família.

Acredito que eu ainda estava na fase da infância quando tive um pensamento mágico: em que tudo estava focado em mim e que tudo o que acontecia em meu mundo acontecia por minha causa. O conceito de *pensamento mágico*, uma fase normal no desenvolvimento da criança, pode criar maiores problemas se não for reconhecido e discutido por pais perspicazes.

Por exemplo, era normal para mim, quando era criança, acreditar que meus pensamentos e ações poderiam afetar de maneira considerável a vida de outras pessoas — sobretudo se eu tivesse recebido a mensagem de que Deus, assim como o Papai Noel, recompensa crianças boazinhas.

Conclui-se naturalmente que Deus castiga ou retém coisas boas se as crianças *não* forem boazinhas. Então, se algo desse errado em minha família — se meu pai se ferisse em um acidente de carro ou se meus pais não pudessem pagar as contas —, eu deveria ter feito algo ruim ou não ter feito algo bom o suficiente, como fazer minhas orações. Então, eu tentava ser melhor ou fazer melhor.

Sou muito jovem para entender a irracionalidade de tal crença. Portanto, se ocorrerem coisas ruins o suficiente pelas quais eu continue a acreditar que sou responsável, começarei a acreditar que "sou ruim", e uma *mentira fundamental* começará a criar raízes.

O pensamento mágico e suas consequências não têm nada a ver com má conduta dos pais, como abuso e negligência emocional. Esses comportamentos podem tornar a força das mentiras fundamentais ainda maior. Os pais podem neutralizar algumas dessas primeiras crenças irracionais se reconhecerem quando uma criança está interiorizando e admitindo algo que não cabe a ela assumir.

Thomas é um homem de 35 anos, filho de um pastor. Ele aprendeu, logo nos primeiros anos de vida, a não envergonhar a família. Culpava-se pelas surras violentas que levava do pai e pelos frequentes tapas que a mãe lhe dava no rosto. Ele se lembra de estar sentado no quarto com uma faca quando tinha cinco anos, tentando encontrar uma maneira de se matar. Descreveu-se para nós como um homem cheio de ódio de si mesmo. Acreditava que Deus intencionalmente o havia enganado, para mantê-lo como um homem simples e de pouco valor. Sem a ajuda do Espírito Santo para sondar seu coração, Thomas começou um padrão diário e impiedoso de autoexame. Ele sempre se via incapaz e *muito mau*. Não havia uma migalha de amor-próprio em lugar algum.

O filme *Gênio indomável* vale o peso de suas sessões de terapia em ouro por causa de uma cena forte. (Não é incrível como Deus pode usar um filme que nem tem uma linguagem tão boa assim para penetrar nosso coração e abalar nossas crenças sobre nossa identidade?) Na cena, o psicólogo Sean (interpretado por Robin Williams) está conversando com um adolescente problemático, Will (interpretado por Matt Damon), a quem Sean tem aconselhado por causa de problemas de raiva.

Will foi abusado fisicamente quando era criança, foi rejeitado pelo pai e estava trilhando um mau caminho. O psicólogo faz amizade com ele, o que não é fácil. Will aprendeu a não confiar em ninguém; embora suas barreiras pessoais sejam uma fortaleza, de alguma forma o psicólogo consegue atravessá-la. Aqui está um trecho da cena no consultório onde os dois estão falando sobre suas experiências com o abuso físico:

Sean: Meu pai nos fazia ir até o parque e pegar as varas com as quais nos batia. Na verdade, o pior das surras acontecia entre mim e meu irmão. Nós praticávamos um no outro, tentando encontrar varas que quebrassem.

Will: Meu pai costumava colocar um cinto, uma vara e uma chave inglesa sobre a mesa da cozinha, e dizer: "Escolha". Eu escolhia a chave inglesa.

Sean: Will, eu não sei muita coisa, mas me deixe lhe dizer uma coisa: toda essa história aqui (aponta para seu arquivo)... Olhe para mim, filho. (Ambos estão olhando um para o outro.) Não é sua culpa.

Will: (indiferente) Sim, eu sei.

Sean: Não é sua culpa.

Will: (sorrindo sarcasticamente) Eu sei.

Sean: (sério) Não é sua culpa.

Will: (muito agitado) Não #@&% comigo, cara!

Sean: (agora olhando diretamente para o rapaz) Não é sua culpa.

Will: Eu sei, eu sei... (Seu coração está partido, e Will desaba.)

Sean põe os braços em volta de Will e o abraça como se o rapaz fosse uma criança. Will soluça como um bebê e, depois de um momento, abraça Sean, que o abraça ainda mais. Assistimos a uma demonstração tocante de duas pessoas solitárias, representando pai e filho juntos.

Essa linha, que se repete várias vezes (como Jesus perguntando três vezes a Pedro: "Você me ama?"), tem nela o poder e a verdade de Deus. Repetidas vezes durante a terapia, o Espírito Santo sussurrou estas palavras:

Não é sua culpa.
Não é sua culpa.
NÃO É SUA CULPA.

Nessas palavras, Deus deu aos seus filhos outras boas novas, novas que eles antes acreditavam ser boas demais para serem verdade. O Pai diz: "Eu conheço você, vejo você, sou louco por você e curarei cada parte sua".

Veja, Deus não desperdiça nada. Nada! Ame o que Deus ama: VOCÊ. Ele não o prende por desacato, ainda que saiba tudo a seu respeito. Então, por que *você* ainda se prende?

Somos lembrados de uma cena que se passa no tribunal no filme *O mentiroso*. O advogado (Jim Carey) está emocionalmente abalado no tribunal. O juiz diz: "Mais um ataque desses, e este tribunal vai prendê-lo por desacato". Carey segue com: "Meritíssimo, eu *mesmo* me prendo!"

O autor dessa frase estava atrás da porta escutando nossas sessões de terapia? Que conclusão clássica, ainda que trágica, à que tantas pessoas chegam em relação a si mesmas. Este é um bom momento para ver que você está errado, e a opinião de Deus a seu respeito está certa.

Eu (Denise) gosto de brincar que meu pai e Deus são muito parecidos — ambos pensam que estão sempre certos. Discutiremos este assunto mais detalhadamente em um capítulo adiante, mas, uma vez que você está começando a entender as boas novas da verdade de Deus a seu respeito, por que não começar a abandonar algumas mentiras em que acredita neste momento? Usando o texto em 1Coríntios 13.4-8 como modelo, faça estas perguntas a si mesmo:

- Eu me amo?
- Sou paciente, gentil e bom para comigo mesmo?
- Esqueço facilmente meus erros e faltas?
- Eu me prendo?
- Eu duvido de mim mesmo, envergonho-me, repreendo-me ou me condeno sempre?
- Eu confio em mim mesmo? (Há alguns anos, uma amiga próxima com um dom profético ministrou profundamente em minha vida. Ela apontou o dedo para meu coração e disse: "Denise, o Senhor está dizendo: 'Confie em você'". Essa afirmação não significava que eu deveria confiar em mim mesma, em vez de confiar em Deus. Não! Significava que eu deveria concordar com o modo como Deus me vê. E ele me vê com um bom coração que ele, pessoalmente, colocou em mim.)

Agora voltaremos à premissa original deste livro: o mandamento esquecido: amar o meu próximo *como a mim mesmo*.

E se eu não conseguir me amar? E se minha capacidade de amar os outros nunca puder ir além de minha capacidade de amar a mim mesmo? Até que ponto então estou amando os outros? Na realidade, talvez não tanto assim. Sobretudo quando estou fazendo o que posso para que os outros gostem de mim, aceitem-me e apreciem-me; quando preciso do carinho, da atenção e da aprovação deles; quando não posso deixar ninguém com raiva de mim... Resumindo, quando não posso deixar ninguém ver quem de fato sou.

O fingido que os outros veem se torna um *eu fabricado*, e, mais uma vez, abandono meu *verdadeiro eu*, rejeito-me e envergonho-me. Se eu não corresponder às expectativas que estabeleci para mim, nunca poderei interiorizar o amor e o cuidado que Deus e os outros têm por mim nem acreditar neles.

Deus conosco

Esconda-se. Rápido! Quando era criança, Tamara se escondia no armário, tanto dos pais quanto de Deus. Em uma das sessões conosco, nós lhe perguntamos se não havia problema se, a partir de agora, o Pai pudesse entrar e sentar-se no armário com ela. Essa sugestão abriu um mundo totalmente novo para Tamara e mudou algo em seu coração. "O Deus Pai só quer estar *comigo*. Essa é a boa notícia boa demais para ser verdade? Uau!"

Se Deus está sentado com você no armário escuro ou no canto da sala em um momento de reflexão, ou entrando em sua tenda de faz de conta e brincando com você; se você está sendo bom ou se metendo em apuros, ajudando sua mãe a fazer biscoitos ou dando uma olhada nas revistas de pornografia de seu pai que encontrou debaixo da cama dele, há uma coisa que permanece constante: Emanuel, "Deus *conosco*". A revelação do que isso significa, algo aparentemente tão pequeno quanto Deus Pai entrando no armário e sentando-se ao seu lado, pode transformar seu coração para sempre.

Quando Cathy tinha seis anos de idade, sua mãe, com raiva, empurrou-a para fora pela porta da frente e bateu em seu rosto. Cathy tinha de ir à escola para tirar fotos com a turma. E, para piorar as coisas, sua mãe lhe fez franjas muito curtas (uma memória traumática para muitos de nós!).

Em uma de nossas sessões com Cathy, Deus Pai lhe mostrou que ele estava bem ao lado dela — *com* ela. Cathy sentiu quando ele a tomou pela mão e caminhou com ela até a escola. Cathy pensou que ele só iria deixá-la na escola, mas, em vez disso, ele permaneceu ali com ela e, ao fazer isso, revelou sua proteção.

Essa revelação do constante cuidado e companheirismo de Deus transformou a dolorosa memória que Cathy tinha das ações da mãe. Aquilo já não estava enterrado nem entulhado dentro dela, já não tinha uma vida própria repleta de rejeição, mágoa e vergonha. Em vez disso, estava morto, enterrado e substituído por um reconhecimento caloroso da presença do Pai. E, desse lugar na presença amorosa de Deus, Cathy foi capaz de perdoar a mãe e tirá-la dessa terrível posição. Essa memória de como Deuz foi ao encontro dela com seu amor e graça agora faz parte da história de Cathy. Este é outro exemplo do Pai restaurando os anos de nosso passado que "os gafanhotos destruíram" (Jl 2.25).

Esta palavra, *com*, tem impactado o modo como eu (Denise) compreendo Deus e está mudando a maneira como o vejo e o apresento a outras pessoas durante a terapia. Emanuel, "Deus conosco", não está conosco apenas de um modo geral do tipo "Deus está em todos os lugares", mas de um modo específico e intencional do tipo "próximo a nós". Ele é um Pai que está bem ao nosso lado. Ele chega ao nosso lado e coloca os braços ao nosso redor. Ele está brincando na areia conosco, escondendo-se no armário conosco para que não precisemos ter medo nem nos sentir sozinhos. Ele está andando de mãos dadas conosco, protegendo-nos e defendendo-nos, chorando conosco quando alguém próximo a nós nos machuca ou até mesmo nos violenta, sofrendo conosco quando nos machucamos com o ódio que temos de nós mesmos.

Em todas essas coisas e outras mais, o amor de nosso Pai permanece constante. Nunca muda — nem com uma única boa obra nem com mil outras, nem com um só pecado nem com milhões.

Depois que o filho pródigo, no capítulo 15 de Lucas, cometeu todo tipo de pecado possível, o pai nem mesmo esperou para ouvir um "me desculpe" do filho. Ele esperava o retorno do filho e, quando finalmente o avistou, pegou um longo manto e correu o mais rápido possível ao encontro dele. Abraçou o filho rebelde, beijou-o ainda fétido, recebeu-o com alegria, trouxe-lhe presentes, celebrou sua chegada, abriu o coração para ele, chorou de alegria por causa dele, perdoou-o, arranjou-lhe um lugar de honra e chamou todos os seus amigos para compartilhar a boa notícia do regresso do filho à sua casa.

Esse é o mesmo Pai que nunca deixa de acreditar em nós e nunca deixa de fazer planos para nós: planos para curar, restaurar, libertar-nos e guiar-nos à identidade e ao destino que ele traçou para nós no ventre de nossa mãe.

A história do filho pródigo coloca-nos diante da bondade de Deus: a bondade que nos leva ao arrependimento.

Uma das coisas mais maravilhosas que perco quando não consigo me amar é a revelação desta bondade e da dádiva do arrependimento (Rm 2.4). Que tristeza para mim! Estou muito ocupada me acusando e tentando tornar-me melhor da próxima vez para poder agradar a Deus e receber sua bênção. Tente este cenário e veja se ele se encaixa:

Eu peco.
Perdão.
Eu peco novamente.
Não vou mais fazer isso.
Eu peco mais uma vez.
Vou me esforçar mais. (Isso está funcionando?)
Agora vem o solilóquio negativo.
Estou tão frustrado comigo mesmo. Eu sou um fracasso, não faço nada direito.
Em seguida, fico bravo com Deus.
Por que o Senhor não está me ajudando?
Finalmente, chego à minha conclusão: *Eu não consigo, Deus não me ajuda, então por que tentar? Eu acho que Deus está aí para ajudar a todos os outros, menos a mim.*

Nossa paciente Liz nos contou sobre uma conversa que teve com a irmã. Ela disse à irmã: "Eu sei que Deus ama você e está ao seu lado, mas ele não se importa comigo". A irmã respondeu: "Como você pode dizer isso? É tão óbvio para mim que ele ama muito você e está ajudando você. Eu não acredito que ele me ama".

Foi um daqueles momentos em que Deus se revela para Liz. "Hum", ponderou Liz. "Então, nós duas temos certeza de que Deus ama a outra e está ao lado dela. Se nós duas de fato acreditamos nisso em nosso coração, e se estivermos certas, então nós duas estamos erradas quando dizemos que Deus não ama cada uma de nós pessoalmente. Já que eu tenho tanta certeza de que

Deus ama você e se importa com você, tenho que acreditar que ele também me ama e se importa *comigo*".

Beth Moore, em seu livro *Breaking Free* [Liberte-se], conta a história de um grupo de mulheres às quais ela estava ensinando sobre o amor de Deus. Ela pediu que cada uma olhasse nos olhos da pessoa ao lado e dissesse: "Deus *me* ama tanto". Adivinhe o que aconteceu por toda a sala? Moore escreve: "As mulheres se viraram umas para as outras e disseram: 'Deus ama muito *você*'"[1].

Que exemplo perfeito de como aceitamos o amor de Deus pelos outros, mas nos esforçamos para acreditar em seu amor por nós! No entanto, a verdade é que *Deus me ama tanto quanto ama os outros — de maneira igual, radical, completa e inesgotável*.

Por que acreditamos no contrário? Por que mudamos as palavras e o coração do Pai? Diga esta frase em voz alta: "Eu o(a) amei, _____ (seu nome), com amor eterno".

Você acabou de personalizar as palavras de Deus escritas em Jeremias 31.3. Uau!

E se pudéssemos dizer isso sobre nós mesmos todos os dias?

Infelizmente, sempre podemos argumentar contra nós mesmos, porque conhecemos muito bem nossos próprios pecados, fraquezas e lutas.

Jerry e eu sentimos uma dor no coração durante as sessões de terapia quando ouvimos as histórias pessoais daqueles que estão sentados no divã do outro lado da sala. Que honra é para nós saber que casais e indivíduos encontram ali um lugar seguro conosco para compartilhar sua profunda dor! Podemos ver e sentir o trauma de suas lutas. Mas, mais do que isso — eu, Denise, posso sentir as lágrimas brotando enquanto escrevo —, sentimos a dor de Deus Pai desejando que nossos pacientes conheçam seu amor e a verdade sobre como ele os vê.

O mandamento "esquecido"

Em Marcos 12.28-31, alguém pergunta a Jesus qual é o mais importante dos mandamentos. Ele responde: "Ame o Senhor, o seu Deus, de todo o seu coração, de toda a sua alma, de todo o seu entendimento e de todas as suas forças". E continua: "O segundo é este: 'Ame o seu próximo como a si mesmo'. Não existe mandamento maior do que estes".

No primeiro mandamento, que diz que devemos amar a Deus, Jesus faz referência ao texto em Deuteronômio 6.5. No segundo mandamento, que diz que devemos amar os outros como a nós mesmos, ele cita o texto em Levítico 19.18. A importância dessas duas declarações fica evidente ainda mais claramente em Mateus 22.40, quando Jesus declara: "Destes dois mandamentos dependem toda a Lei e os Profetas". Não há nada mais importante no Antigo ou no Novo Testamento da Bíblia, em termos do que Deus pede de nós, do que amá-lo e amar os outros *como a nós mesmos*!

Parece que entendemos a maior parte disso. Devemos amar a Deus e devemos amar os outros. Mas onde Jerry e eu vemos tantas pessoas falharem no sentido de entender e de viver esse ensino é na parte do "amar a si mesmo".

Pergunte a si mesmo: "Eu amo os outros com a mesma intensidade ou da mesma maneira que amo a mim mesmo?" A equação deve ser assim:

Meu amor pelos outros não é menor nem maior do que meu amor por mim mesmo.

Meu amor pelos outros é igual ao meu amor por mim mesmo.

Não há diferença. Nenhuma. *Acreditamos que amar a si mesmo é o mandamento esquecido.*

Não estamos dizendo que ele está ausente na Bíblia ou nos ensinamentos de Cristo. Ele está claramente presente. Ao contrário, acreditamos que ele está ausente em grande parte da igreja e na vida dos que procuram seguir a Cristo. Acreditamos ainda — com base em nossa própria vida e na vida daqueles que atendemos — que não é possível fazer um bom trabalho no sentido de guardar o primeiro mandamento, amar a Deus, sem cumprir o segundo na íntegra.

Curando os que estão com o coração partido e amando o que Deus ama

Recentemente, em um centro de formação no Meio Oeste, a presença de Deus desceu sobre uma sala de universitários. Doze horas mais tarde, ninguém havia saído da sala por causa do que Deus estava fazendo. Chegavam relatos e mais relatos de indivíduos que estavam sendo tocados por Deus de uma maneira profunda. Deus os estava curando do ódio que sentiam de si mesmos, da culpa, da vergonha.

Curas físicas nem sempre transformam o coração de uma pessoa, mas que libertação incomensurável pode ocorrer quando Deus cura um coração partido!

Vemos um exemplo disso em Lucas 17.11-19, quando Jesus curou os dez leprosos, mas apenas um "voltou, louvando a Deus em alta voz" e agradecendo a Jesus. Em contrapartida, quando Jesus falou com a mulher no poço [de Jacó], em João 4.1-42, as palavras proféticas dele sobre a condição da vida e do coração daquela mulher resultaram em uma mudança no coração.

A mulher *tinha* de contar aos outros o que havia acontecido com ela. O texto em João 4.39 afirma que "muitos samaritanos daquela cidade creram nele por causa do seguinte testemunho dado pela mulher: 'Ele me disse tudo o que tenho feito'". Talvez, se também pudesse experimentar essa mudança no coração, oferecida por Jesus, você pudesse responder amando o que ele ama — VOCÊ!

Começamos nosso ministério com o primeiro e maior mandamento como o centro de tudo o que nos propusemos a realizar. Queríamos ajudar os outros a amar a Deus de todo o coração e remover do coração qualquer coisa — dor, mágoa, traição, medo, feridas, barreiras — que impedia a livre expressão desse amor. Em algum lugar no meio do período de formação de nosso ministério, Deus Pai virou a página e mostrou-nos o segundo mandamento. Vamos explicá-lo usando a história de uma jovem que atendemos na época.

Janet havia dedicado sua vida ao Senhor no final da adolescência e sonhado em evangelizar o mundo para Jesus. Ela era intercessora, ministrava na adoração e de fato amava a Deus. No entanto, quando pedimos que descrevesse como Deus a via, ela disse que optava por não pensar no amor dele por ela. Como líder de adoração, Janet ignorava as músicas que diziam que ela era a favorita de Deus, a amada dele, ou que era bonita e preciosa para ele.

Janet não era a única. Começamos a ouvir esse tipo de história repetidamente e declarações como:

"Eu realmente amo a Deus, mas não sinto que ele me ama."

"Estou decepcionado comigo mesmo e sinto que Deus também está decepcionado comigo."

"Eu sei que Deus ama os outros, mas não sinto o amor dele por mim."

"Eu sinto que Deus está distante e não tem interesse em mim."

"Na minha mente, sei que Deus me ama, mas não sinto muito isso no meu coração."

"Não sinto o amor de Deus e, sinceramente, não sinto muita coisa".

Essas declarações são apenas algumas dentre muitas semelhantes que apareceram pela frente. Sabemos que o Pai se entristece com elas e deseja ajudar seus filhos a amar o que ele mesmo ama tão profundamente: eles mesmos.

Até que ponto as *boas novas* são boas?

Eu (Denise) me lembro de apenas um sermão da época em que eu era criança. Eu tinha sete anos e estava sentada no banco, fazendo as coisas de sempre para permanecer quieta e longe de problemas, como lustrar meus sapatos de couro envernizado com um lenço. Um jovem padre católico do Movimento Jesus estava ministrando a mensagem em nossa igreja. Lembro-me dele dizendo enfaticamente: "Jesus ama você".

Hã? O que era aquilo? Parei de lustrar os sapatos enquanto assimilava aquelas palavras. Jesus *me ama*? Com todas as regras, imposições e deveres com os quais eu me ocupava para ser boa, ficar longe de problemas e evitar punições, esse pensamento nunca passou pela minha cabeça.

Hoje, toda a nossa vida e nosso ministério estão envolvidos nesta frase: *Jesus ama você*. Estas são boas novas profundamente boas. A história a seguir demonstra o impacto transformador dessas boas notícias na vida de um de nossos pacientes, quando ele experimentou uma conexão íntima com o Pai. Uma palavra resume tudo da melhor forma: Uau!

> Tudo o que Raymond sempre desejou era ser cuidado e ter um senso de pertencimento. Seu pai só começou a "estar por perto" quando Raymond tinha doze anos de idade. Quanto à sua mãe, Raymond sentia que era um estorvo para ela. Logo pela manhã, ela o colocava para fora de casa pela porta da cozinha com uma reprimenda: "Agora vá lá, para fora", e só o deixava entrar em casa na hora do jantar.
>
> Assim que começamos a orar com Raymond a respeito das mentiras que ele acreditava serem verdadeiras sobre si mesmo

— *Aqui não é o meu lugar; meus sentimentos não contam; se você realmente me conhecesse, não gostaria de mim; eu nunca consigo atender às expectativas* —, Raymond começou a ouvir a voz do Pai.

As palavras de Deus vieram contra todas as mentiras que estavam profundamente arraigadas no coração de Raymond durante toda a sua vida. Com lágrimas e empolgação, ele começou a contar-nos o que Deus lhe estava dizendo:

"Oh, meu Deus! Deus se importa com o que eu sinto!"

"Não é minha culpa!" (*"Isso é fascinante!"*)

"Eu tenho um bom coração!"

"Ele gosta do que ele fez! Uau!"

"Eu não tenho que fazer nada! Tenho valor apenas por ser quem sou!"

"Eu sou filho dele!"

"Ele só quer estar comigo! Uau!"

De repente, Raymond se lembrou de um dia em que estava brincando com seus carrinhos fora de casa. No passado, essa era uma das coisas que ele fazia sozinho quando a mãe o mandava para fora por horas. Dessa vez, porém, o Pai saiu pela porta com ele, sentou-se e começou a desenhar estradas na terra para os carrinhos.

A essa altura, o deslumbramento, como o de uma criança, e a exuberância de Raymond enchiam o ar da sala de terapia. Sua empolgação era contagiosa. Ele começou a compartilhar outras revelações de Deus e, depois de cada uma, continuou a dizer: "Uau!"

O que torna a experiência de Raymond ainda mais especial é que ele nunca havia sentido o amor de Deus de maneira tangível. No começo de nosso tempo juntos, ele nos disse: "Eu devo ser uma daquelas pessoas que simplesmente não entendem. Peço por uma experiência pessoal com Deus, mas sempre acabo decepcionado".

No dia seguinte, Raymond e a esposa nos deixaram o melhor cartão que já recebemos. Dizia só isto: "Muito obrigado . . . e uau!"

Outra história de uma paciente de longa data dá-nos uma bela demonstração de como Deus nos cura enquanto aprendemos a amar a nós mesmos. Patrice tinha um sério distúrbio alimentar. Certo dia, quando estava indo ao banheiro no trabalho para vomitar o almoço, ouviu Deus dizer em seu espírito: "Quero que você se olhe no espelho e diga: 'Eu te amo, Patrice'".

Ela disse que foi uma das coisas mais difíceis que já teve de fazer. Mesmo assim, ela fez isso, porque acreditava que era Deus que lhe estava pedindo. E algo poderoso aconteceu: o desejo de vomitar desapareceu.

"Eu te amo, Patrice" continua a ser uma oração poderosa em sua vida — e na de outros pacientes.

Eu (Denise) vou com muitos até um grande espelho do lado de fora de meu consultório, faço com que se olhem diretamente nos olhos e então os encorajo a verbalizar um amor por si mesmos que está de acordo com o profundo amor de Deus por eles. Este exercício de declarar nosso amor por nós mesmos é um dos mais difíceis e poderosos que podemos fazer para destruir mentiras e fortalezas, e para libertar nosso coração para amar.

Deus deseja curar o ódio que temos de nós mesmos, a autocondenação, o desprezo por nós mesmos, a autodepreciação e os solilóquios negativos. Quando concordamos com quem o Pai diz que somos, como seus amados filhos, — e quando somos capazes de amar a nós mesmos da maneira que ele nos ama —, também nos tornamos mais capazes de confiar em seu coração e amar os outros em troca.

Enquanto Jerry e eu passávamos por nossa própria jornada de cura, tivemos de fazer muitas perguntas diferentes a nós mesmos:

- Quando aprendi a me esforçar, a realizar, a parecer e a agir de certa maneira a fim de obter aprovação ou evitar conflitos?
- Quando comecei a dizer *sim* quando precisava dizer *não*?
- Quando comecei a esconder meu *verdadeiro eu* porque me sentia inadequado, inseguro, culpado e sozinho, não me sentia amado, menosprezava-me e sentia-me incapaz de atender às expectativas?
- Quando decidi em meu coração que nunca seria fraco, que estaria sempre no controle, que nunca deixaria ninguém saber que eu estava sofrendo?

Encontrar respostas para perguntas como essas é uma porta para a jornada da cura.

Um ponto de exclamação de Deus

Há alguns meses, fomos ver nosso consultor financeiro para discutir nosso plano de aposentadoria. Nunca havíamos nos encontrado com ele, e ele sabia pouco sobre nós e sobre nosso ministério de terapia.

Em nosso segundo encontro, compartilhamos com ele nosso foco em curar as feridas do passado; foi apenas uma conversa sem importância e geral sobre a cura do coração.

Virado em nossa direção, nosso consultor se debruçou sobre a mesa e contou a seguinte história. Foi como um daqueles momentos de prender a respiração, e nós dois ouvimos atentamente.

Quinze anos atrás, ele levou a filha para ouvir um convidado que daria uma palestra no ministério de jovens de sua igreja. O palestrante tinha vinte e poucos anos, usava *jeans* desbotados e chinelos e tocava o violão enquanto falava. Ele disse que havia notado como os cristãos são incentivados a amar os outros — servir, ajudar e se voluntariar — e como se espera isso deles. Mas o que dizer do texto das Escrituras que diz que devemos amar os outros *como a nós mesmos*? Por que os cristãos não conseguiam amar a si mesmos e por que ninguém estava falando sobre essa "parte esquecida"?

Nosso consultor financeiro disse que a declaração daquele jovem realmente o impactou, e ainda hoje o tem impactado, quinze anos depois.

Foi um daqueles momentos *aha!*, uma impressão digital de Deus que marcou seu coração. Mal conseguíamos conter-nos enquanto nós, por nossa vez, compartilhávamos sobre o livro que planejávamos escrever e o título que Deus tinha dado a mim (Denise): *O mandamento esquecido — ame a si mesmo*. Foi ótimo experimentar um momento tão "Deus conosco".

O coração do Pai para você

Aqui está uma nota de um diário sobre o que Deus Pai falou ao meu espírito enquanto eu (Denise) me preparava para escrever este livro:

> Você é minha voz que fala no deserto no coração de meus filhos. Diga-lhes de novo o que sinto em relação a eles, que sou louco por eles. Diga-lhes que eu sou AMOR. Diga-lhes que há mais boas novas e que eles podem viver, realmente viver a VIDA, a partir dessas novas.

Que o coração deles vá além da imaginação quando você lhes disser o que eles achavam bom demais para ser verdade sobre si mesmos; quando eles acreditavam que amar a si mesmos é arrogância, orgulho e egoísmo, mas isso vai ao encontro de meu coração! Diga a eles. Conte a eles. Abrirei um horizonte em meus filhos para que vejam e sintam meu coração. Eles nunca mais serão os mesmos. Esta é minha dádiva para eles que liberta sua verdadeira identidade e seu destino. Ninguém pode deter meu coração.

Amar o que Deus ama é a chave — e, sim, ele ama você completamente.

ORAÇÃO

Pai, abre meu coração e ajuda-me a ver o que queres que eu veja sobre a questão de me amar. Ao iniciar esta jornada em meu coração, preciso conhecer mais o teu coração. Ajuda-me a ver se este mandamento está escondido em minha vida e, se estiver, ajuda-me a encontrar e a restaurar aquilo que se perdeu ou foi negligenciado. Tu persegues coisas perdidas (Lc 15), e me persegues para que eu possa viver com um coração restaurado. Quero poder amar a ti, a mim mesmo e aos outros de modo pleno. Confio em ti nesta jornada. Em nome de Jesus, amém.

QUESTÕES PARA REFLEXÃO

1. O que você espera descobrir com a leitura deste livro sobre amar a si mesmo para que, ao terminar de ler a última página, você possa dizer: "Que bom que li este livro?"
2. Você acha que é a pessoa mais dura consigo mesmo? Compartilhe exemplos de sua história de vida.
3. O que você pensa sobre esta afirmação: "Deus não me prende por desacato, ainda que saiba tudo a meu respeito"? Partindo do princípio de que a afirmação é verdadeira, como você contorna a situação quando falta com respeito por si mesmo?
4. Como você respondeu às perguntas que fizemos anteriormente, em referência a 1Coríntios 13?
   - Eu me amo?
   - Sou paciente, gentil e bom para comigo mesmo?
   - Esqueço facilmente meus erros e faltas?
   - Eu me prendo?
   - Eu duvido de mim mesmo, envergonho-me, repreendo-me ou me condeno sempre?
   - Eu confio em mim mesmo?
5. Reflita sobre esta questão em seu coração: O que mudaria para você se sua percepção de Emanuel, "Deus conosco", mudasse de uma perspectiva geral do tipo "Deus está em todos os lugares" para uma visão pessoal do tipo "Deus está *comigo*, bem perto de mim, com os braços em volta de mim. Sempre. Sem nunca se mover. Sem nunca se mudar. Sem nunca desistir de mim. Amando-me. *Sempre*". Se seu coração pudesse ver Deus desta maneira, como as coisas seriam diferentes para você?
6. Reflita sobre suas respostas a estas perguntas:
   - Quando aprendi a me esforçar, a realizar, a parecer e a agir de certa maneira a fim de obter aprovação ou evitar conflitos?
   - Quando comecei a dizer *sim* quando precisava dizer *não*?
   - Quando comecei a esconder meu *verdadeiro eu* porque me sentia inadequado, inseguro, culpado e sozinho, não me sentia amado, menosprezava-me e sentia-me incapaz de atender às expectativas?

- Quando decidi em meu coração que nunca seria fraco, que estaria sempre no controle, que nunca deixaria ninguém saber que eu estava sofrendo?

7. Releia a oração que veio antes dessas perguntas ou escreva sua própria oração. Talvez você queira ter um diário à mão enquanto prossegue nesta jornada de cura.

CAPÍTULO 2

"MAS ISSO NÃO SERIA EGOÍSMO?"

—Essa foi a pergunta de um amigo quando lhe dissemos que estávamos escrevendo um livro sobre amar a si mesmo.

As Escrituras são muito claras com relação ao mandamento de amar e servir aos outros. O apóstolo Paulo escreveu em Romanos 12.10: "Dediquem-se uns aos outros com amor fraternal. Prefiram dar honra aos outros mais do que a si próprios". Novamente, em 1Coríntios 13.5 —conhecido como "capítulo do amor" — ele escreveu: "[O amor] não procura seus interesses".

Nosso exemplo maior de amor altruísta é Cristo, que entregou sua vida por nós para que pudéssemos ter vida (Ef 5.2). Jesus também falou de modo claro sobre o que é necessário para que uma pessoa seja um de seus discípulos: "Negue-se a si mesmo, tome diariamente a sua cruz e siga-me. Pois quem quiser salvar a sua vida, a perderá; mas quem perder a sua vida por minha causa, este a salvará" (Lc 9.23-24).

Assim, não parece ser egoísmo nem uma atitude retrógrada concentrarnos em amar a nós mesmos, em vez de amar e servir outros? Muitas pessoas, sobretudo as que não são cristãs, argumentariam que o mandamento que, de fato, está "esquecido" na vida cristã é amar outros. Infelizmente, há mais verdade nesta afirmação do que muitos gostariam de admitir.

Contudo, se isso é verdade, então qual é a resposta? Devo apenas amar e servir ainda mais? Preciso ouvir outro sermão sobre amar, servir e doar para, então, finalmente, entender e poder sair e fazer mais essas coisas? Ou preciso refrescar minha memória sobre o que as Escrituras dizem sobre morrer para mim mesmo e amar o meu próximo para, depois, começar a aplicar o que li? Enfaticamente, NÃO!

De maneira alguma queremos minimizar a importância de traduzir nossa fé em ações (Tg 2.17). Além disso, não acreditamos que haja apenas uma explicação para o motivo por que tantos cristãos falham neste quesito. Acreditamos, no entanto, que nossa capacidade de amar a nós mesmos tem um grande impacto no grau em que amamos os outros. Se eu aprender a me amar mais, por fim, permite que eu ame mais *o outro*, então o resultado, definitivamente, não é egoísta!

Em *Waking the Dead* [Despertando os mortos], John Eldredge diz:

> Cuidar de nosso próprio coração não é egoísmo; é como começamos a amar. Sim, cuidamos de nosso coração pelo bem dos outros. Isso soa como uma contradição? Nem um pouco. O que você trará para os outros se seu coração estiver vazio, seco, estagnado? A questão é o amor. E você não pode amar sem seu coração, e não pode amar bem a menos que seu coração esteja bem . . .
>
> O modo como você lida com seu próprio coração é o modo como lidará [com o de outras pessoas]. Se você ignorar seu coração, acabará por ignorar o delas. Se esperar a perfeição de seu coração, elevará esse mesmo padrão para os outros. Se você dirigir seu coração para ter eficiência e desempenho, é isso que pressionará os outros a fazer.[2]

Embora muitas vezes sejamos mais duros com nós mesmos do que com os outros, a falta de amor por nós mesmos, por fim, irá manifestar-se no modo como nos relacionamos com os outros. Nas palavras de Jesus: "Se a prioridade de vocês é cuidar de vocês mesmos, jamais irão se encontrar. Mas, se vocês se esquecerem de vocês mesmos e me buscarem, irão encontrar-se e a mim também" (Mt 10.39 MSG).

Talvez você, como muitos cristãos, entenda que esse versículo sugere que você deveria ignorar suas lutas e necessidades, e fazer o que for necessário para "ir além de seu próprio eu e pôr-se em Deus". Para nós, porém, esse paradoxo nas Escrituras tem um significado diferente que faz todo o sentido do mundo. Se tentar, por meio de seus próprios esforços, ser correto o suficiente, limpo o suficiente, espiritual o suficiente, agradável a Deus o suficiente, você nunca alcançará isso. Mas, se chegar com a simplicidade, a vulnerabilidade e a honestidade de uma criança (seu *verdadeiro eu*), você encontrará Jesus. E, quando o encontrar, também se encontrará — porque já está *nele*, escondido em Cristo e no coração do Pai. Em Lucas 14.11 [MSG], Jesus promete que, "se [você] souber ficar no seu lugar, será recompensado".

Até que ponto seu amor é puro?

Como terapeutas e membros de longa data da comunidade cristã, muitas vezes observamos duas respostas às atitudes de dar e servir. Uma é de membros da igreja que estão "na ativa" há muito tempo. Muitas vezes eles ficam cansados, fatigados, esgotados e até ressentidos por dedicarem-se tanto aos ministérios voluntários de sua igreja. Não podem ou não querem manter esse ritmo, mas sentem-se culpados quando param.

A outra resposta é de pessoas que escolheram dar ou servir muito pouco e sentem-se desmotivadas para [fazer] isso. Muitas vezes, elas ficam desiludidas e desanimadas em sua caminhada de fé.

Cada um dos tipos de pessoa de fato ama a Deus, mas nenhum experimenta a reciprocidade do amor dele.

Ao chegarmos à raiz dessas condições, muitas vezes encontramos *deficits de amor*: áreas dentro de um indivíduo que não receberam amor suficiente nos primeiros anos de formação. *Deficits* de amor podem resultar da falta de ações amorosas demonstradas a uma criança ou podem ser o resultado de palavras e atos negativos ou abusivos direcionados a ela. Em todos os casos, à medida que chegam à idade adulta, esses indivíduos começam a fazer e a dar coisas dessa posição onde suas necessidades de amor não foram supridas. Aparentemente, suas ações parecem boas e amorosas; essas pessoas parecem cuidadosas, dedicadas, tolerantes e generosas. No entanto, a verdadeira motivação de suas ações pode ser a necessidade de amor e afeto, o medo da rejeição, o desejo de aceitação, o desejo de atenção ou a necessidade desesperada de pertencimento e segurança.

Alfred Ells descreve esse estilo de relacionar-se desta forma:

Aprendemos a agradar os outros e a cuidar deles para ganhar amor ou evitar a dor. Não queremos que os outros nos rejeitem ou nos magoem, por isso nós nos esforçamos além do normal para amá-los. Não queremos sentir a dor dos fracassos de nossos filhos, por isso nós nos esforçamos além do normal para fazer com que eles tenham sucesso. Amamos demasiadamente porque precisamos ser amados na mesma medida. E nos importamos demasiadamente porque precisamos de cuidados.[3]

Joe era um jovem que cresceu com um pai violento. Ele vivenciou muitos gritos e ofensas. Joe aprendeu a decifrar a atmosfera na sala e a manter a paz sempre que possível. Após os acessos de raiva do pai, ele sempre estava ali para confortar a mãe. Sentia-se próximo a ela e, enquanto cuidava dela, ele, sem perceber, tornou-se responsável por fazê-la feliz.

Em troca, a mãe lhe demonstrava muito amor e carinho. Mas, no fundo do coração, Joe estava desenvolvendo um *deficit* de amor. Embora a mãe não tivesse percebido, suas ações e atitudes em relação ao filho eram influenciadas por sua própria necessidade de amor e cuidado, e o fluxo de amor muitas vezes seguiu na direção errada — ou seja, na direção dela própria. A mãe de Joe nunca percebeu que sua capacidade distorcida de amar, cuidar e dar vinha de um passado não resolvido e doloroso que ainda controlava seus relacionamentos.

A conclusão da história de Joe é que, a menos que sejam detectadas, necessidades não supridas criam modelos de relacionamento prejudiciais, primeiro entre pai/mãe e filho, e depois se estendem aos relacionamentos do indivíduo consigo mesmo, com Deus e com os outros. Uma vez que o pai e a mãe de Joe, e, por fim, o próprio Joe eram incapazes de amar a si mesmos, o amor que davam aos outros não era puro.

A boa notícia, porém, é que, embora muitos danos possam resultar de um crescimento com *deficits* de amor, Joe e muitos como ele encontram cura e restauração. As áreas destruídas dentro de nós respondem ao amor que cura de nosso Pai celestial — um Pai que se importa profundamente com nosso passado e o impacto que ele tem sobre nós hoje.

Uma mártir

Não sei exatamente quando, mas, em algum momento de minha infância, eu (Denise) comecei a assumir os problemas e fardos dos outros. Sempre fiz amizade com pessoas desfavorecidas e excluídas. Li todos os livros sobre a vida dos santos que havia na biblioteca de nossa escola católica e estava pronta a entregar minha vida, a fim de negar a mim mesma em favor dos outros. Faltava apenas uma grande peça: eu não tinha um *eu* para entregar.

Deixe-me dizer isso de outra maneira: uma criança que se anula para agradar aos outros não tem nada a entregar de fato. Eu precisava encontrar meu *verdadeiro eu* — a identidade que Deus teceu dentro de mim — antes de poder amar os outros em plenitude.

Jesus nunca hesitou no sentido de quem ele era e, portanto, tinha um *eu* que podia negar a si mesmo e sacrificar-se pelos outros. Eu, por outro lado, havia me tornado uma mártir sem ter um *eu* para ser martirizado. E fiz isso com minhas próprias forças para ser "boa" (algo contrário a ser o *melhor* de Deus).

Um bom sujeito

Levou muitos anos para eu (Jerry) perceber que agia de acordo com minhas necessidades não supridas, que moldaram muitas de minhas ações. Eu era o que muitos considerariam um "bom sujeito". Mas, na realidade, meu coração não era tão bom assim. Por causa de alguns *deficits* centrais de amor, dos quais só tive conhecimento com meus trinta e poucos anos, grande parte de meu amor pelos outros era motivado por minhas próprias necessidades de aceitação. Eu vivia para agradar às pessoas e "apagar incêndios", e fazia o que era necessário para evitar conflitos relacionais. Agia de acordo com o que chamamos de *identidade baseada na vergonha*, construída sobre uma base de mentiras, principalmente sobre mim mesmo.

Como explicaremos com mais detalhes em um capítulo adiante, a vergonha prejudicial, que se estabelece nos primeiros anos da infância, diz que há algo inerentemente errado, falho ou defeituoso em nós e que, se alguém nos conhecesse de fato, não gostaria de nós. Como consequência de acreditar nisso, crescemos buscando provar que está tudo bem conosco (não permitindo que ninguém veja o contrário) ou crescemos com uma atitude derrotista e desistimos de tentar provar que está tudo bem conosco.

Escolhi o primeiro caminho, que se baseia no desempenho. Embora tenha tido sucesso, agi inconscientemente com base em uma posição pouco saudável, e as necessidades que me motivaram permaneceram não supridas. No fundo, eu não sabia que estava tudo bem comigo — na verdade, eu acreditava exatamente no contrário — e, como resultado, não amava a mim mesmo e era incapaz de amar de verdade os outros. Eu fazia coisas carinhosas, mas minhas ações tinham a motivação errada.

Você pode imaginar como essa disfunção se manifestou em meu casamento com Denise. Por muitos anos, ela quis mais do meu coração, mas eu não podia oferecer isto a ela. Eu não conseguia ser emocionalmente íntimo com ela, porque nem conhecia meu próprio coração. Ele era ocupado em grande parte por um *falso eu*, e intimidade requer verdade nas áreas mais íntimas. Só depois de confiar meu coração a Cristo e permitir que ele encontrasse o verdadeiro Jerry que o trabalho de cura pôde começar.

Sinto-me agradecido por não ser mais o "bom sujeito" (também conhecido como "o fingido") que eu era. Hoje ajo muito mais com base em meu *verdadeiro eu*, criado por Deus. Lidar com minha vergonha e as mentiras implícitas dela foi muito complicado. Quando comecei a deixar Deus derramar seu amor em lugares dentro de mim que precisavam desesperadamente desse amor, também tive de aprender a me amar — em especial o meu *eu mais jovem* – para que a cura fosse mais eficaz.

Discordando do Pai

Ironicamente, quando não amamos a nós mesmos, nós nos tornamos mais egoístas.

Como Denise e eu compartilhamos em nossas histórias, nossas ações se tornaram um meio de suprir nossas próprias necessidades — necessidades de aceitação, de segurança, de amor —, em vez de um meio de amar os outros.

De modo consciente ou muitas vezes inconsciente, interagimos com as pessoas não porque as amávamos profundamente, mas porque precisávamos de algo em troca. No entanto, ao mesmo tempo, construímos muros de proteção que mantinham os outros do lado de fora de nosso coração. Dessa forma, nós nos tornamos ainda mais egoístas.

Além disso, há outro relacionamento que é afetado de modo negativo quando agimos com base em feridas do passado e deixamos de amar a nós mesmos: nosso relacionamento com Deus.

Quando adotamos vários métodos para lidar com lugares não curados dentro de nós, inibimos severamente nossa capacidade de sentir e experimentar o coração de Deus Pai. E uma vez que nos criou para um relacionamento íntimo consigo mesmo, ele nos perseguirá e fará o que for necessário para restaurar essa intimidade.

Quando não amamos a nós mesmos, discordamos de como ele nos vê e sente-se em relação a nós. Acabamos, de fato, por opor-nos a ele — sem querer, é claro; no entanto, quando nossa autoavaliação se torna mais importante para nós do que a avaliação que o Pai faz de nós, então nossas ações passam a ser centradas em nós, em vez de centradas em Deus.

Graças a Deus, há um caminho para sair desse lugar pouco saudável! O primeiro passo é reconhecer que amar a si mesmo como o Pai ama você não é um ato egoísta. Fazer o contrário é discordar do Pai — e o Pai sempre tem razão!

ORAÇÃO

Pai, mostra-me como me vês e como te sentes em relação a mim. Ajuda-me a ver se o que vejo acerca de mim mesmo é diferente do que tu vês — se há partes de mim, partes de meu coração, que não amo. Quero estar de acordo contigo. Quero amar o que amas!

Se percebi ser, de algum modo, errado e egoísta olhar para mim mesmo dessa maneira ou amar a mim mesmo, reconheço que esses pensamentos não provêm de ti.

Pai, confio em ti neste processo e creio que me guiarás enquanto me abro para ti e te dou total acesso ao meu coração. Em nome de Jesus, amém.

O MANDAMENTO ESQUECIDO: AME A SI MESMO

QUESTÕES PARA REFLEXÃO

1. Reflita sobre as afirmações a seguir. Compartilhe aquilo em que você pessoalmente acredita sobre o conceito de amar a si mesmo.
   - Se eu amar mais a mim mesmo, poderei amar mais aos outros.
   - Se eu amar menos a mim mesmo, terei uma capacidade maior de amar aos outros.
   - Cuidar de nosso próprio coração não é egoísmo; é como começamos a amar.
   - Se espero que eu mesmo aja com perfeição e seja perfeito, sem dúvida espero que os outros façam o mesmo.
2. Você é capaz de dizer quando alguém lhe dá algo apenas porque gosta de abençoá-lo e quando alguém lhe dá algo porque tem alguma necessidade ou expectativa em mente? Como cada uma das duas motivações faz você se sentir?
3. Como seguidor de Cristo, reflita sobre a diferença entre estar em uma comunidade de pessoas "boas" e estar em uma comunidade de pessoas "verdadeiras". Neste momento de sua vida, qual delas você prefere? Por quê?
4. Como seu relacionamento com Deus é afetado se você não aprende a amar a si mesmo?
5. Releia a oração que veio antes dessas perguntas ou escreva sua própria oração. Faça anotações sobre qualquer pergunta que talvez precise fazer a si mesmo ou a Deus sobre a questão de amar a si mesmo.

CAPÍTULO 3

VENHA COMO UMA CRIANÇA

Vejam como é grande o amor que o Pai nos concedeu: sermos chamados de filhos de Deus, o que de fato somos!
—*1João 3.1*

Dentre todos os versículos das Escrituras que o Pai enfatizou em nosso ministério de cura, alguns dos mais profundos estão relacionados a irmos a ele como uma criança. Não importa nossa idade, o Pai ainda se refere a nós como crianças (filhos). Ele nos adota como seus, e, mesmo que entreguemos nossa vida a Deus aos setenta anos de idade, devemos ir a ele como crianças; afinal, em nossa cultura, adotamos crianças, não adultos, e é da mesma forma com Deus.

Jesus foi muito claro em seu posicionamento em relação às crianças e ao Reino de Deus. O texto em Marcos 10.13-16, na versão *A Mensagem*, afirma:

> Alguns estavam trazendo crianças a Jesus, na esperança de que ele as abençoasse. Mas os discípulos deram uma bronca nessa gente. Jesus não escondeu a irritação: "Não tentem afastar essas crianças! Não as impeçam de vir a mim! O Reino de Deus é feito de pessoas que são como crianças. Prestem atenção: se vocês não aceitarem o Reino de Deus com a *simplicidade de uma criança*, nunca entrarão nele". Então, tomando as crianças nos braços, impunha as mãos sobre elas e as abençoava. [Ênfase, em itálico, adicionada]

Leiamos esse texto de novo. Pare e imagine o tom, o volume, os olhos e as expressões faciais e corporais de Jesus enquanto se dirige aos discípulos.

Feito isso, mude de perspectiva e veja Jesus se voltando ternamente para as crianças. Observe-o a abraçar cada uma, tocar cada uma, abençoar cada uma. Pare e sinta o amor que vem do coração dele.

Agora, permita-se ser um daqueles pequeninos que ele está tomando nos braços. Observe que eles não fizeram nada para conquistar o amor de Jesus. *Eles são apenas quem realmente são.*

Durante seu ministério, Jesus fez apenas o que viu seu Pai fazer (Jo 5.19). Quando vemos Jesus, vemos o Pai (Jo 14.9). Portanto, quando Jesus expressa a importância das crianças e de sermos como elas, isso acontece porque elas são preciosas para o coração do Pai.

Deixando para trás as coisas de criança

O apóstolo Paulo escreveu: "Quando eu era menino, falava como menino, pensava como menino e raciocinava como menino. Quando me tornei homem, deixei para trás as coisas de menino" (1Co 13.11). Usando este texto como referência, vejamos alguns exemplos dos tipos de coisa de criança que devemos deixar para trás.

Quando eu era menino . . .

- *falava como menino*: "Isso é meu." "Nada aqui é seu." "Eu vou contar." "Mãe, ele está me empurrando." "Sai pra lá."
- *pensava como menino*: "Ele me empurrou primeiro." "A culpa é dele." "Foi ele que começou." "Por que eu não posso ir?" "Por que ela pode ir?" "Isso não é justo."
- *raciocinava como menino*: "Se a mamãe e o papai estão infelizes, a culpa deve ser minha." "Se eu me esforçar mais para ser bonzinho de verdade, eles não vão ficar mais bravos." "Se eu fosse menino/menina, eles iriam me amar."

Na fase adulta, a infantilidade vem à tona quando você quer que as coisas sejam à sua maneira ou precisa ter a última palavra; quando você é teimoso, irracional ou mesquinho; quando você intimida outras pessoas, tem explosões de raiva ou sofre crises emocionais. Ou talvez você seja tímido, medroso e inseguro — com medo de fazer amigos (eles podem não gostar de você) ou tenha medo de levantar a mão, dar uma opinião diferente (você pode fazer uma pergunta estúpida ou dar a resposta errada). Por outro lado, talvez você tenha se tornado um adulto antes do tempo e sido mais responsável do que deveria para sua idade. Você aprendeu a parecer estar bem na frente dos outros. Todas essas situações são coisas de criança que devem ser deixadas para trás.

A beleza de um coração como o de uma criança

Embora não haja virtude alguma em ser a*criança*do, existem características típicas de *criança* que nunca devemos abandonar. Tais características devem sempre ser nossa verdadeira natureza diante do Pai. Como filhos de Deus, ele quer que sejamos *vulneráveis*, na posição de quem precisa de seu cuidado e de sua proteção. Embora talvez tenhamos aprendido que a vulnerabilidade nos coloca na posição para sermos feridos, o Pai pede que nos apresentemos com todas as nossas barreiras e defesas abaixadas, *confiando* que ele está conosco, que nos conhece, nos ama e se deleita em nós.

A criança é *imperfeita* e permanece assim ao longo da vida. Deus é perfeição, e não há nada que possamos fazer para nos tornar perfeitos.

A criança é *espontânea e criativa* — criada à semelhança de nosso Pai Criador.

A criança *não é totalmente desenvolvida*. Os filhos precisam receber a mensagem de que não há problema algum em aprender e crescer como parte natural da vida. Como filhos de Deus, estamos sempre em um processo de crescimento, o qual nosso Pai aceita e compreende.

A criança é *dependente*, com necessidades e desejos que devem ser reconhecidos e admitidos — necessidades como amor, afeição, aceitação e senso de pertencimento. Deus estima muito a dependência como característica de nossa constante condição e posição com ele. Nunca superamos nossa necessidade de depender dele, de ser fracos para que ele possa ser forte em nosso favor.

A criança é *valiosa*, *única* e *especial* para o próprio Deus. Ele nos planejou desde o começo e nos teceu no ventre de nossa mãe. Nunca houve e nunca haverá outra pessoa como você e eu!

Alguns se referem a esse lado infantil em nós como *nosso verdadeiro eu*, nosso *eu particular*, a *criança dentro de nós* ou a *criança interior*. Independente do nome que lhe dermos, todos podemos reconhecer que há mais coisas acontecendo dentro de nós do que imaginamos.

Henri Nouwen, em seu livro *A voz íntima do amor*, refere-se à criança interior como sendo nosso lado cordeiro.

> Há dentro de você um cordeiro e um leão. A maturidade espiritual é a habilidade de permitir que o cordeiro e o leão deitem-se juntos. Seu leão é o "eu" adulto e agressivo. É seu "eu" que toma iniciativas e decisões. Contudo, há também seu cordeiro amedrontado e vulnerável; a parte de você que precisa de afeição, apoio, afirmação e cuidado. Desenvolver sua identidade como um *filho* de Deus não significa, de forma alguma, abrir mão de suas responsabilidades. Assim como afirmar seu "eu" adulto não significa, de forma alguma, que você não possa se tornar um *filho* cada vez mais dependente de Deus. Na realidade, o oposto é verdadeiro. Quanto mais segurança você puder sentir como um *filho* de Deus, mais livre estará para sustentar sua missão no mundo como um ser humano responsável. E quanto mais consciente você estiver que tem uma tarefa singular e única a cumprir para Deus, mais aberto estará para permitir que sua necessidade mais profunda seja suprida.[4] [Ênfase, em itálico, adicionada]

Nosso espírito (e coração) dentro de nós

Podemos também nos referir à parte da criança dentro de nós como nosso espírito, pois consistimos em corpo, alma e espírito (Hb 4.12). É nosso espírito — que foi soprado em nós por Deus na concepção e que deixa nosso corpo na morte — que está ciente de tudo o que já aconteceu ao longo de nossa vida. As Escrituras muitas vezes usam a palavra *coração* quando se referem ao nosso espírito.

Mike Mason, em seu excelente livro *O mistério das crianças*, declara o seguinte sobre essa questão do espírito/coração:

Jesus deseja que nos tornemos semelhantes às crianças, porque nosso espírito estava mais próximo à superfície durante a infância. Nesta fase da vida, nosso coração era mais transparente, mais vulnerável, mais maleável. Crescer normalmente implica cobrir nosso espírito com mais camadas de carne. Deus deseja que nos tornemos a pessoa que realmente somos por dentro, a pessoa que nascemos para ser. Tornar-se semelhante a uma criança implica tirar as máscaras para mostrar de novo o rosto real, de bochechas rosadas e olhos brilhantes, que estava por baixo delas.[5]

John Eldredge, em seu livro *A grande aventura masculina: como encontrar seu coração selvagem e descobrir uma vida de desafios e emoções*, compartilha esse conceito, usando o personagem principal do filme *Voltando a viver — Antwone Fisher*, para defender seu ponto de vista.

Em seus sonhos durante a noite, Antwone se vê como um garoto de cinco ou seis anos. Essa foi a época de sua vida em que seu coração se partiu. Essa é a idade com que ele se sente quando se permite sentir a angústia enterrada em seu interior. Acredito que é mais do que um sentimento. Acredito que há uma parte de sua alma [ou espírito/coração] que tem seis ou sete anos. Quando coisas devastadoras acontecem conosco — sobretudo quando somos jovens —, elas têm o poder de partir nosso coração. Literalmente. Algo na alma se despedaça e permanece estagnado na idade em que sofremos o golpe...

Você nunca teve esta experiência em que, de repente, uma parte de você se sente muito jovem? Talvez alguém esteja zangado com você, ameace deixá-lo — exatamente como aconteceu quando você era menino. Talvez você tenha sido convidado a dar uma palestra diante de uma multidão, e algo em seu íntimo fique paralisado de medo. Um grupo de homens está rindo e fazendo piadas, mas você apenas não consegue juntar-se a eles. Acontece algo que se parece muito com uma coisa que o machucou quando era jovem e, neste momento, você não se sente nem um pouco como um homem. No íntimo, você se sente como um garoto. A razão pela qual você se sente assim é que uma parte de você ainda é um garoto.[6]

Nossa imagem de Deus

Deus nos fez totalmente dependentes dos pais ou responsáveis pelos primeiros cinco anos de nossa vida. Nossos pais se tornam uma espécie de deuses para nós. Em um mundo perfeito, isso seria algo bom.

Agora, imaginemos uma cena que acontece quando uma criança chega aos cinco anos de idade. A criança se aproxima da mãe e do pai e pergunta: "Mamãe e papai, como é Deus?" (Mesmo que essa pergunta nunca seja feita em voz alta, o espírito da criança irá fazê-la e tirar suas próprias conclusões). Os pais podem olhar para o filho e dizer: "Sabe, Deus é muito parecido com a gente — ele é amoroso, bondoso e paciente. Ele tem orgulho de você e está sempre ao seu lado quando você precisa dele. Você é um tesouro para ele, e ele o ama, aconteça o que acontecer. Ele gosta de passar tempo com você e canta uma canção especial para você à noite que é só para você. E, por amor, ele disciplina você para ajudá-lo a crescer".

Imagine a criança de olhos arregalados que ouve essas palavras da mãe e do pai. Uau! Esta é uma ótima notícia, quase boa demais para ser verdade. Com pais assim, você pode ver como seria fácil a transição para o modo como essa criança vê Deus Pai?

É uma responsabilidade assustadora saber que, como pais e cuidadores, espelhamos Deus para uma criança. Isso significa que precisaremos depender muito de Deus (e é isso que ele deseja).

Na terapia, vemos pessoas de todos os estilos de vida com uma visão distorcida de Deus Pai, porque seus pais o deturparam. Não importa se o paciente é um missionário, pastor, líder de louvor ou doutor em teologia. *A maior influência sobre o modo como uma pessoa vê Deus não é o conhecimento das Escrituras. É a representação ou imagem deturpada de Deus, a qual essa pessoa viu espelhada pelos pais.*

É impossível calcular o número de pessoas que já nos disseram: "Eu sei na minha cabeça que Deus me ama, mas não sinto isso no meu coração". Essa é a grande desconexão que o Pai deseja tratar com cada um de nós.

Certo pastor, depois de se tratar conosco por uma semana, compartilhou de maneira vulnerável em sua mensagem de domingo que, embora soubesse que Deus o amava, pela primeira vez ele experimentou uma profunda revelação da frase "Jesus me ama, disso eu sei" no fundo de seu coração. Uau!

Dizer que ele foi transformado por sua própria experiência não faz jus a ela. Essas são RE-AL-MEN-TE as boas novas do Pai em ação.

Outra paciente, uma líder cristã nos negócios, teve uma experiência pessoal na qual Deus lhe mostrou como ele se alegrou quando ela nasceu, ainda que ninguém mais tivesse feito isso.

Essa mulher compartilhou conosco que, antes de ser concebida, sua mãe havia perdido dois bebês no nascimento ou logo após isto, e o médico havia alertado os pais sobre não criarem expectativas de que essa terceira criança sobreviveria. Consequentemente, eles não fizeram o planejamento típico para a infância dela. Ela não recebeu um nome, nem lhe foram comprados berço, fraldas e roupinhas. Os pais só a reconheceram no berçário do hospital três dias após o nascimento, porque acreditavam que ela iria morrer. Essa ferida do abandono logo nos primeiros dias de vida causou um impacto profundo nela.

Mas Deus a visitou de uma maneira profunda e pessoal, e trouxe cura ao seu espírito. Quando compartilhou com o marido a inacreditável alegria e amor que Deus lhe havia mostrado em seu coração, ela lhe disse: "Essa terapia é um jardim de infância (de volta à frase 'Jesus me ama, disso eu sei') ou um ph.D. no amor de Deus". Na escola do Espírito de Deus, temos certeza de que são as duas coisas.[7]

Quando se lembra das palavras críticas que o pai lhe dizia, Ted as ouve acompanhadas do som de um chicote de couro — *plaft!* "Pare de frescura." *Plaft!* "Pare com esse mimimi." *Plaft!* "Nem doeu, vai." *Plaft!* "Engole o choro, moleque". *Plaft!* "Vou te dar um motivo para chorar." *Plaft!* "Aguente firme como um homem." *Plaft!* "Você é uma vergonha para a família." *Plaft!* "Você não passa de um filhinho de mamãe." *Plaft!*

Enquanto crescia, Ted aprendeu as lições ministradas pelo pai e começou a usar o chicote em si mesmo. *Plaft!*

Agora seu coração não precisa de um curativo. Precisa de uma cirurgia para remover o tecido danificado e restaurar o fluxo sanguíneo na parte lesionada há muito tempo. Para parecer que estava bem o suficiente por fora, Ted aprendeu a ter um bom desempenho. Ele não apenas exigia perfeição de si mesmo, mas também a esperava dos outros. Agora, aos 49 anos, seu mundo interior está desmoronando. De repente, Ted se sente cansado, deprimido e estressado. Pela primeira vez, ele não consegue fazer os malabarismos que fazia.

É de admirar que Ted tenha dificuldade para acreditar que Deus de fato está com ele e está a favor dele — que Deus se deleita nele, vangloria-se dele, gosta de cada detalhe nele; que Deus sabe quantos fios de cabelo Ted tem na cabeça; que ele estava intimamente envolvido em cada detalhe da formação de Ted como um ser único, durante nove meses no ventre da mãe?

Ted está no início — dando os primeiros passos da recuperação. Agora ele está pronto para admitir que sua vida está fora de controle e que ele não tem poder sobre seus comportamentos disfuncionais e crenças irracionais. Se pudesse superar seus problemas sozinho, como tentou no passado, ele teria feito isso, mas não pode. Ted agora se volta para o Pai com um coração rendido e vazio de orgulho, vendo seu *falso eu* público, seu autoengano, sua fraqueza e sua insuficiência. Mais uma vez, ele se vê vindo como se tivesse três anos de idade — com fome, com sede, pobre e necessitado. Ao renunciar sua independência, ele se encontra bem no colo do Pai, um lugar de dependência de onde ele nunca mais precisa sair.

Avaliando sua visão de Deus Pai

Aqui está um exercício que muitas vezes é útil para entender como os pais, durante nossos anos de desenvolvimento, podem impactar nossa visão de Deus na fase adulta. Considere com cuidado as seguintes listas de descrições à medida que você completa as frases abaixo:

- Na infância, eu via meu pai como _____.
- Na infância, eu via minha mãe como _____.
- Hoje, vejo Deus Pai como _____.

Distante e indiferente	ou próximo e interessado
Insensível e desatencioso	ou cuidadoso e compassivo
Duro, exigente e irracional	ou atencioso, bondoso e gentil
Distante e alheio	ou interessado e envolvido
Intolerante e impaciente	ou apoiador e paciente
Irritado, cruel e punitivo	ou amoroso, compreensivo e protetor
Controlador e manipulador	ou tolerante e misericordioso
Condenador ou acusador	ou perdoador e afetuoso
Crítico ou perfeccionista	ou incentivador e assertivo

Quanto mais difícil for para você sentir em seu coração (e não apenas saber mentalmente) que Deus é como as descrições da coluna à direita, mais você precisará curar as feridas da infância.

Muitas pessoas nos procuraram ao longo dos anos porque desejam ter um relacionamento mais profundo com Deus. Se este é o seu caso, nossa prescrição para ajudá-lo não se encontra em mais leitura bíblica, nem em mais devocionais nem em mais memorização de versículos. Ela se encontra em permitir que o Pai revele as raízes da mágoa, do medo, da rejeição e da vergonha, e em deixar que ele cure seu coração — o coração de uma criança — para que você possa "vir como uma criança" para ele.

Carta a um garoto perdido

Uma das maneiras que sugerimos aos nossos pacientes para ajudá-los a irem a Deus como crianças é que eles afirmem a criança que está em seu íntimo ao escreverem para ela.

Aqui está uma carta que um de nossos pacientes escreveu depois que percebeu sua falta de amor por si mesmo ou cuidado consigo mesmo, e o impacto que isso teve em sua vida como adulto:

Pequeno Sam,

> em primeiro lugar, quero que você saiba que sinto muito por mantê-lo tão escondido — escondido de mim e daqueles que eu amo. O desígnio especial e único de Deus acerca de quem eu sou está escondido em você, minha verdadeira criança interior. Eu preciso de você. Eu preciso de você para ser pleno. Eu pensei que estaríamos melhor se eu apenas o anulasse e acabasse com você. Eu tinha vergonha de seus sentimentos.

> Eu não entendia que crianças têm sentimentos. Decidi que não precisava de sentimentos, mas eu estava errado. Sei que você se sentiu impotente para se defender, por isso recorreu à raiva para afugentar qualquer um que o envergonhasse. Lembro que eu ficava muito bravo e agia muito mal para fazer com que outros me deixassem em paz.

Mas agora estou sozinho há muito tempo e não quero mais viver assim. Minha esposa e meus filhos estão cansados da minha raiva. Aprendemos a afastar as pessoas que mais amamos. Perdi muito quando o abandonei, e não estou disposto a perder minha família também.

Sinto muito por ser tão duro e horrível com você — os lugares afetuosos do meu coração. Você me perdoa por não o ter amado nem cuidado de você? Eu prometo não decepcionar você. Deixarei que tenha seu legítimo lugar dentro de mim para que possamos ser uma pessoa só. Não fui capaz de identificar e processar as emoções de modo adequado, por isso fiz a única coisa que sabia fazer para proteger meu coração frágil: criei uma casca dura em torno dele. Mas essa casca manteve outras pessoas do lado de fora de nossa vida e a certa distância. Pedi ao nosso Pai para remover essa casca e tornar-nos frágeis e maleáveis de novo. Ele é a nossa defesa agora. Podemos descansar e aprender a SER.

Investi todos os meus esforços para ter todas as respostas e me defender. Vejo agora que meu eu zangado e duro era apenas um sinal de um garotinho sofrido e assustado. Quero que você saiba que podemos fazer isso juntos. Há muita coisa que quero aprender com você. Se o Pai diz: "Venha como uma criança", confio na Palavra dele e confio que você me levará aonde preciso ir para encontrá-lo pessoalmente.

Obrigado por voltar para casa.

Eu amo você,

Sam (o adulto)

Apoiados nos braços de nosso Amado

Eu (Denise) amo as palavras em Oseias 2.14-15: "Portanto, agora vou atraí-la; vou levá-la para o deserto e falar-lhe com carinho... farei do vale de Acor [*Acor* é a palavra hebraica para *problemas, dor*] uma porta de esperança".

Em Cântico dos Cânticos 8.5, o objeto do amor de Deus surge em sua verdadeira identidade: "Quem vem subindo do deserto, apoiada [uma posição de dependência] em seu amado?"

Aplicando essas palavras a nós, vemos o Senhor em seu amor incomensurável, tornando-nos dependentes dele mais uma vez, assim como uma criança é dependente, atraindo-nos propositadamente para o deserto. De acordo com seu plano e tempo, ele pretende transformar nossos vales de problemas — as feridas de nosso coração — em portas de grande esperança.

ORAÇÃO

Jesus, teu ministério aqui, na terra, criou um lugar para as crianças. Teu coração estava, e ainda está, voltado para elas. Eu te convido a me mostrares mais sobre a criança que há em mim. Meu coração está voltado para essa criança? Eu a abraço como tu a abraças? Ou eu preferiria, como teus discípulos, afastá-la porque há coisas mais importantes a tratar? Eu, como uma criança, envolvo-me com a maravilha e a alegria da tua criação?

Jesus, tu revelas o coração de teu Pai. Quero que meu coração esteja de acordo com o teu e com o de teu Pai sobre a criança que há em mim. Quero ser curado e pleno — cada parte de mim — e te convido a revelares onde essa criança foi ferida e a levares a esses lugares teu amor que cura.

Por favor, mostra-me também onde minha imagem de ti foi distorcida e ajuda-me a ver a ti e teu coração de uma posição de verdade. Por tua graça, abraçarei minha criança interior e trarei essa parte de mim a ti. Confio que me ajudarás nisso. Em teu nome eu oro, amém.

QUESTÕES PARA REFLEXÃO

1. Recapitule a seção *Deixando para trás as coisas de criança*. Como você descreveria as diferenças entre ser uma pessoa *acriançada* e ter características típicas de criança? Compartilhe alguns exemplos do dia a dia.
2. Quais as qualidades típicas de uma criança que você gostaria de demonstrar em sua vida adulta? Existem características típicas de uma criança que você não gostaria de incorporar à sua vida? Compartilhe pensamentos ou sentimentos que respaldem sua resposta.
3. Considere suas respostas na seção *Avaliando sua visão de Deus Pai*. Sejam elas boas, ruins ou horríveis, identifique as descrições aplicáveis de como você via seu pai e sua mãe (ou quaisquer outros cuidadores que se encaixem na função) na infância. Como você vê Deus hoje?
4. Reflita sobre esta afirmação: "A maior influência sobre o modo como uma pessoa vê Deus não é o conhecimento das Escrituras, mas a representação ou imagem deturpada de Deus que essa pessoa viu espelhada pelos pais". Até que ponto essa afirmação, em sua própria experiência de vida, é verdadeira?
5. Leia lentamente e faça em voz alta a oração no fim deste capítulo. Peça a Jesus para operar tal mudança em seu coração. Agora respire fundo e entregue-se à jornada de cura que Jesus tem para você.

CAPÍTULO 4

O QUE DEUS SENTE EM RELAÇÃO NÓS?

Sinto que serei como uma ovelha perdida atrás da qual Jesus andará no meio da escuridão fria para encontrar — quando todo o resto do pequeno e bom rebanho estará seguro no aprisco — apenas para fazê-lo dar um não *de cabeça para mim, apanhar-me com um suspiro e se perguntar por que me atura. Eu me pergunto se houve algum momento em minha vida em que ele tenha olhado para mim com prazer. Ou será que ele sempre se decepcionou comigo? Foi algo que fiz? Ou apenas quem sou?*
— Uma sobrevivente de abusos compartilhando como vê Deus

Um dos temas que tratamos na terapia é a falta pessoal de consciência e de conexão de nossos pacientes com o modo como Deus se sente — não em relação aos pecados, falhas e mesmo sucessos deles, mas em relação a eles.

Em relação a nós.

Em relação a *você*.

Muitos que atendemos no início dizem que sabem como Deus os vê; afinal, na Bíblia isto é deixado claro, certo? No entanto, quando lhes perguntamos "como o Pai se sente em relação a você?" ou "como o Pai se sentiu quando isso aconteceu com você?", eles não sabem o que dizer. Nunca pensaram em como Deus se *sente* quando se trata deles pessoalmente. Mais uma vez, vemos a grande desconexão entre o que nossa mente sabe e o que nosso coração sente.

Deus tem sentimentos?

Deus tem sentimentos e emoções? Enquanto alguns podem argumentar que Deus em geral não é descrito em tais termos, as Escrituras oferecem muitos exemplos do contrário. Por exemplo, o texto em Jeremias 31.3 declara o seguinte sobre a atitude do Senhor em relação ao seu povo: "Eu a amei com amor eterno; com amor leal a atraí".

A palavra hebraica para *amor* nessa passagem é a mesma usada muitas vezes no Antigo Testamento. Significa *ter um forte apego emocional e desejo de possuir ou estar na presença de outra pessoa*. Inclui o amor entre um homem e uma mulher, como também o amor que pai e mãe têm por um filho. É mais do que uma ação amorosa; são também os sentimentos relacionados a isso.

Mais uma vez, referindo-se a Deus em relação ao seu povo, Israel, o texto em Isaías 66.13 declara: "Assim como uma mãe consola seu filho, também eu os consolarei . . .". A palavra hebraica para *consolo*, usada aqui e em muitas passagens do Antigo Testamento, significa *as atitudes e sentimentos de conforto — tais como consolo, segurança ou encorajamento — de uns para com os outros*.

No Novo Testamento, são oferecidos muitos exemplos de Jesus expressando emoções. Por exemplo, em João 13.23, João é descrito como "o discípulo a quem Jesus amava". A palavra *amor* aqui não se refere a uma ação amorosa, mas sim à terna afeição de Jesus por João.

Na verdade, o autor desse Evangelho, João, descreveu *a si mesmo* como aquele a quem Jesus amava. Pense nisso. E se andássemos por aí dizendo o mesmo sobre nós mesmos: "Eu sou aquele a quem Jesus ama". Alguns poderiam julgar-nos arrogantes, mas estaríamos perfeitamente alinhados com o modo como Deus se sente em relação a nós!

Como terapeutas, podemos propor o que foi citado como um exercício de cura, um versículo do dia (na verdade, para toda a nossa vida) para memorização: "Eu sou aquele a quem Jesus ama". Soa muito bem isto, não é? Que mudança maravilhosa aconteceria em nosso solilóquio habitual!

Jesus também demonstrou uma forte emoção um pouco antes de ressuscitar Lázaro dentre os mortos. Em João 11.35, o versículo mais curto da Bíblia, há palavras simples, mas profundas: "Jesus chorou".

E o texto em Mateus 23.37 [MSG] registra que Jesus lamentou — chorou, sofreu, lastimou — por seu próprio povo, Israel. "Jerusalém! Jerusalém! Assassina de profetas! Matadora dos mensageiros de Deus! Quantas vezes desejei abraçar seus filhos como a galinha recolhe seus pintinhos debaixo das asas, mas você não quis...", gritou ele.

No Evangelho de Marcos 3.1-5 [MSG], observe a intensa ferocidade de Jesus:

> Depois disso, ele [Jesus] voltou à sinagoga e estava ali um homem que tinha uma das mãos aleijada. Os fariseus estavam de olho, para ver se ele iria curá-lo, quebrando o sábado. Ele disse ao homem da mão aleijada: "Fique aqui, onde todos possam vê-lo". Então, ele perguntou aos presentes: "Que atitude é coerente com o sábado: fazer o bem ou o mal? Ajudar as pessoas ou deixá-las sem ajuda?". Ninguém disse nada. Ele os encarou um a um, *indignado* com a religiosidade inflexível deles, e, então, ordenou ao homem: "Estenda a mão!". Ele a estendeu — ela ficou perfeita! [Ênfase, em itálico, adicionada]

Em João 2.14-17, é mencionado outro momento em que a raiva e a indignação de Jesus explodiram em uma ação épica. Furioso com os cambistas do templo que estavam contaminando a casa de seu Pai, Jesus virou as mesas. "Seus discípulos lembraram-se do que está escrito: [nas Escrituras Sagradas] 'o zelo [o fervor do amor] pela tua casa me consumirá' [serei consumido de ciúmes pela honra de tua casa]".

Jesus também mostrou grande alegria. Quando os 72 discípulos que ele havia enviado em uma "viagem pelo ministério" voltaram e compartilharam animadamente suas experiências com ele, é dito (Lc 10.21) que Jesus ficou cheio de alegria.

A raiz da palavra grega para *alegria* nessa passagem, de fato, significa *saltar de alegria*. Alguns dizem que Jesus literalmente saltou e rodopiou de alegria. Se o víssemos demonstrar tanta emoção hoje, isso, sem dúvida, deixaria muitos de nós pouco à vontade. Poderíamos até pedir para ele ser mais discreto!

Alguns pacientes nossos conseguem se relacionar com Jesus na humanidade dele, mas parecem não ver o Pai da mesma maneira. Mas as palavras de Jesus ao apóstolo Filipe, em João 14.9, também se aplicam a nós: "Quem me vê, vê o Pai". Aí está, bem diante de nossos olhos, mais uma boa notícia: *Quem vê Jesus, também vê o Pai.*

Quem vê Jesus com toda a ternura, gentileza, compaixão, intensa honestidade, tenacidade, raiva justa, graça e amor dele, também vê o Pai. Jesus espelha de modo perfeito o Pai e tem o selo da própria natureza dele. Portanto, podemos concluir que os sentimentos do coração de Jesus — toda a extensão e profundidade de suas emoções — refletem de maneira fiel e plena os sentimentos do coração de seu Pai.

Por que é importante saber o que Deus sente?

Talvez você esteja se perguntando: "É de fato tão importante assim saber que o Pai tem sentimentos e saber *o que* ele sente?"

Com certeza, é muito importante! Para você, poder dizer "eu sei que Deus me ama" é importante. Mas dizer "eu posso perceber os sentimentos de amor de Deus por mim" move a verdade fundamental do amor de Deus por você para seu coração.

Por exemplo, quando sofremos uma perda significativa, seja na infância ou no momento presente, ao sentirmos que o Pai sofre conosco e por nós, isso nos atrai mais profundamente ao seu coração e abre a porta para uma maior cura e intimidade com ele. Isso torna as palavras no Salmo 34.18 ainda mais significativas: "Quando você está com o coração partido, eu estou perto de você" [paráfrase nossa].

Em João 17.23, Jesus disse que o amor do Pai por nós é o mesmo que ele tem por Jesus. Saber disso é muito importante. Todavia também *sentir* esse amor do Pai leva essa questão para outro nível, um nível que acreditamos que Deus deseja para todos nós.

Além disso, sentir as emoções do Pai, incluindo o clamor de seu coração para que voltemos nosso coração para ele, pode motivar-nos de várias maneiras; algo que, do contrário, não aconteceria.

De acordo com Romanos 2.4, é a bondade e generosidade de Deus que nos levam ao arrependimento — isto é, à mudança. No entanto, se formos incapazes de sentir sua bondade e generosidade para conosco, então fazer qualquer mudança que ele deseje será mais difícil, mesmo que seja para nosso próprio bem. Nós nos veremos confiando em nossas próprias boas intenções e drenando nossa força de vontade: o que devemos — e temos de — fazer a fim de mudarmos. Essa abordagem não leva a lugar algum. Quando a bondade e o terno apoio de Deus são deixados de lado, experimentamos, na melhor das hipóteses, uma mudança temporária e somos, por fim, fadados ao fracasso em nossa própria capacidade.

Momentos de mudança e cura

A cura de nosso coração é mais uma jornada do que um evento. No entanto, Denise e eu temos vivido com nossos pacientes momentos em que o Pai invade nosso coração. Às vezes, esses momentos podem ajudar no sentido de nos posicionarmos para as mudanças. Cessamos nossas atividades e permitimos que nosso coração se abra o suficiente para sentir, encontramos um lugar sossegado para escrever para Deus ou colocamos algumas músicas e descansamos em um ambiente tranquilo. Contudo, os momentos de mudança muitas vezes vêm quando menos esperamos e quando baixamos a guarda.

Eu (Jerry) me lembro de vários desses momentos bastante emotivos que ocorreram há muitos anos, quando eu estava passando pela parte mais profunda de minha jornada de cura. Lembro-me de uma vez especificamente. Denise e eu morávamos no sul de Houston, e nós nos encontramos depois do trabalho em um cinema, para assistir ao filme *Campo dos sonhos*. No caminho para casa, dirigindo sozinho, chorei tanto que quase tive de parar o carro no acostamento. As comportas finalmente se abriram naquela noite, e meu profundo sofrimento (por causa de minhas necessidades não supridas de amor, atenção e carinho por parte de meu pai biológico) veio à tona.

Lembro-me de modo bem claro daquele momento de mudança, mesmo tendo acontecido há bastante tempo. Naquela noite, em meio à dor, Deus fez algo em meu coração que trouxe cura às minhas feridas.

Donald Miller, em seu livro *Father Fiction* [Pai fictício], conta como um momento de mudança se deu para ele:

... Na semana anterior ao Dia dos Pais, alguns de meus amigos me disseram que estavam planejando grandes jantares ou viagens para ficar na companhia de seus pais. Talvez fosse porque eu tivesse dormido muito pouco depois de uma viagem que fiz — ou talvez porque o Dia dos Pais fosse um conceito esquisito para mim, como celebrar relacionamentos com estranhos —, mas, em uma noite em particular, senti minha alma desabar.

Eu estava lutando contra um prazo que tinha para terminar um texto e sentindo, como sempre sinto, que qualquer livro que eu escreva só chegará ao mundo para ser um fardo nas bibliotecas. Eu queria que um pai passasse pela porta e me dissesse que isso não era verdade, que eu estava aqui de propósito e tinha um propósito, e que uma família, um pai e até mesmo o mundo inteiro precisavam que eu existisse para torná-los mais felizes. E ocorreu-me então que um pai não entraria pela porta, que não haveria encorajamento, que não haveria voz de calmaria... Ocorreu-me que isso nunca aconteceria. Pela primeira vez em minha vida, percebi, lá, no fundo, que nunca tive um pai.

Não sou muito de chorar, mas naquela noite chorei. Desabei. Coloquei meu computador de lado, enterrei a cabeça no travesseiro como uma criança e chorei. Chorei por quase uma hora. Detesto dizer isso porque soa muito fraco, e não gosto de dramas, mas eu me lembro muito bem daquela noite, e não havia dúvida de que algo estava escancarado.

Alguém disse que perceber que estamos quebrantados é o começo da cura. E, para mim, parte da cura começou naquela noite.[8]

Encontrando o Pai e seus sentimentos em meio à dor

Um dos dilemas no processo de cura é este: precisamos desesperadamente que Deus venha aos lugares onde estamos feridos e cure o que está perdido ou danificado em nosso coração. No entanto, essas mesmas feridas nos levam a proteger nosso coração e nossas emoções de confiar em outros, sobretudo em Deus.

Você pode ter alguns problemas muito reais e sérios com Deus pelo fato de ele permitir que você sofra abuso, negligência e rejeição. Por que ele não salvou e protegeu você do modo como um pai deveria e do modo como ele próprio, sendo Deus, poderia ter feito? Não é raro trabalhar com essas lutas contra Deus no processo de cura.

Ao ajudarmos nossos pacientes a lidar com a imagem que têm de Deus, tentamos caminhar com cada um em direção ao coração do Pai e descobrir a bondade dele. Deus é bom, haja o que houver, mesmo quando não entendemos seus caminhos.

Para mim (Jerry), um momento particularmente importante e íntimo com Deus aconteceu durante o período mais intenso de minha jornada de cura. Houve outras ocasiões em que tive de lutar com Deus a respeito de questões que eu tinha sobre minha infância. Mas o que tornou esse período de cura tão poderoso foi poder sentir o coração de meu Pai em relação a mim.

Toda vez que eu sentia um grande sofrimento pelos acontecimentos de minha juventude, também sentia o sofrimento *dele*; *sua* dor por mim e por minha situação; *sua* tristeza — mas, ao mesmo tempo, *sua* esperança em relação ao meu futuro. *Senti os sentimentos do Pai por mim durante aquele período difícil de meu caminho de cura* — e foi isso que me motivou a continuar.

Essa consciência de como Deus se sentia em relação a mim me surpreendeu a princípio, mas logo passei a esperar por isso. Eu sabia que ele estava comigo e que o que eu estava fazendo — buscando a cura — era o que ele queria para mim.

Uma carta ao *Aba* Pai — versão personalizada

Uma ferramenta muito útil que usamos para ajudar nossos pacientes a ver o que Deus Pai sente por eles é a *Carta de Amor do Pai*. Esta carta, desenvolvida pelo cofundador da *fatherheart.tv*, Barry Adams, é uma compilação das Escrituras que expressam o amor de Deus por nós, como nosso verdadeiro Pai. Esta carta percorreu o mundo em vários formatos e agora já está traduzida para, pelo menos, 90 idiomas diferentes.[9]

O MANDAMENTO ESQUECIDO: AME A SI MESMO

Além de compartilhar essa carta com nossos pacientes, nós a modificamos para que expresse suas verdades pela perspectiva do destinatário conversando com o Pai, e não o contrário. Chamamos o resultado de "versão personalizada", e a compartilhamos aqui como nosso convite para que você a absorva e reflita sobre o que o Deus Pai sente por você. Ao ler esta carta, preste atenção especial à expressão de sentimentos que acompanham muitas das palavras e expressões.

Querido *Aba*,

Talvez nem sempre eu tenha te reconhecido, mas tu sabes tudo sobre mim (Sl 139.1). Sabes quando me sento e quando me levanto (Sl 139.2). Conheces todos os meus caminhos (Sl 139.3). Até os cabelos da minha cabeça estão contados por ti (Mt 10.29-31). Eu fui criado à tua imagem (Gn 1.27) — e em ti eu vivo, eu me movo e existo (At 17.28), pois sou tua descendência (At 17.28). Tu já me conhecias antes mesmo de eu nascer (Jr 1.4-5). Tu me escolheste quando planejaste a criação (Ef 1.11-12). Eu não sou um erro — pois todos os meus dias estão determinados em teu livro (Sl 139.15-16). Tu determinaste o tempo exato de meu nascimento e onde eu habitaria (At 17.26). Fui feito de modo especial e admirável (Sl 139.14). Tu me teceste no ventre de minha mãe (Sl 139.13) — e me trouxeste à luz no dia em que nasci (Sl 71.6).

Foste mal interpretado por aqueles que não te conhecem (Jo 8.41-44). Não estás distante nem zangado, mas és a expressão completa do amor (1Jo 4.16). É teu desejo derramar o teu amor sobre mim (1Jo 3.1) — simplesmente porque sou teu filho e tu és meu Pai (1Jo 3.1). Tu me ofereces mais do que meu pai biológico jamais pôde (Mt 7.11) — pois és o Pai perfeito (Mt 5.48). Toda boa dádiva que recebo vem de tua mão (Tg 1.17) — pois és meu provedor e supres todas as minhas necessidades (Mt 6.31-33). Teu plano para meu futuro sempre foi cheio de esperança (Jr 29.11) — porque tu me amas com amor eterno (Jr 31.3). Teus pensamentos a meu respeito são tão incontáveis quanto os grãos de areia na praia (Sl 139.17-18) —

e tu te regozijas em mim com brados de alegria (Sf 3.17). Tu nunca deixarás de fazer o bem a mim (Jr 32.40) — pois sou teu tesouro pessoal (Êx 19.5). Tu desejas, de todo o teu coração e de toda a tua alma, estabelecer-me (Jr 32.41) — e desejas mostrar-me coisas grandes e maravilhosas (Jr 33.3).

Se eu te procurar de todo o coração, eu te acharei (Dt 4.29). Enquanto me deleito em ti, tu atenderás aos desejos de meu coração (Sl 37.4), pois foste tu que me deste tais desejos (Fp 2.13). Tu és capaz de fazer mais por mim do que eu poderia imaginar (Ef 3.20) — pois és quem me dás mais ânimo (2Ts 2.16-17). Tu também és o Pai que me consola em todas as minhas tribulações (2Co 1.3-4). Quando estou com o coração quebrantado, tu estás perto de mim (Sl 34.18). Como um pastor carrega um cordeiro, tu me carregas perto de teu coração (Is 40.11). Um dia tu enxugarás dos meus olhos toda lágrima (Ap 21.3-4) — e levarás toda a dor que sofri nesta terra (Ap 21.3-4).

Tu és meu Pai e me amas assim como amas o teu Filho Jesus (Jo 17.23) — pois, em Jesus, teu amor por mim é revelado (Jo 17.26). Ele é a representação exata de teu ser (Hb 1.3). Jesus veio para demonstrar que tu és por mim, não contra mim (Rm 8.31) — e para me dizer que não estás levando em conta os meus pecados (2Co 5.18-19). Jesus morreu para que tu e eu pudéssemos reconciliar-nos (2Co 5.18-19). A morte de Jesus foi a expressão maior de teu amor por mim (1Jo 4.10). Pai, tu entregaste tudo o que amavas para ganhar meu amor (Rm 8.31-32). Se eu receber a dádiva de teu Filho Jesus, eu te recebo (1Jo 2.23) — e nada mais me separará de teu amor novamente (Rm 8.38-39). Quando eu chegar em casa, tu farás a maior festa que o céu já viu (Lc 15.7). Tu sempre foste Pai e sempre serás (Ef 3.14-15). Tua pergunta para mim é: "Você será meu filho?" (Jo 1.12-13). Tu estás esperando por mim (Lc 15.11-32).

Com amor,

_____ (seu nome)

Ao compartilharmos essa carta com nossos pacientes, também os convidamos a tomar nota de quaisquer palavras ou expressões que considerem particularmente difíceis de aceitar como verdades para eles. Por exemplo, a referência de que o Pai "[fará] a maior festa que o céu já viu" quando chegarmos à nossa casa (o coração dele), para muitos de nossos pacientes é muitas vezes difícil de aceitar. Eles "sabem que é verdade" (porque é bíblico) e que "pode ser verdade para os outros", mas têm dificuldade de acreditar — e definitivamente de sentir — que é algo para eles também. Isso acontece porque muitos nunca se sentiram festejados pelos pais quando crianças; assim, continuam a lutar contra esse conceito quando adultos.

Convidamos você a ler a carta de novo. Ao passar de uma verdade à outra, pergunte a si mesmo: "Eu de fato acredito nisso?" e "*sinto* essas coisas sobre o que está no coração do Pai em relação a mim?" Nos lugares em que for especialmente difícil para você acreditar e aceitar essas verdades, convide o Pai para lhe mostrar qual é o empecilho. É possível que lhe ocorra alguma lembrança ou sentimento. Apenas reconheça a luta e permita que o Pai comece a trazer cura a esse lugar específico em seu coração.

Mas e *a ira e o julgamento de Deus?*

Ao longo dos anos, trabalhamos com muitas pessoas que depositaram sua fé e sua confiança em Jesus Cristo. No entanto, a posição predominante que tais cristãos têm no coração é a de que Deus não olha para eles com favor ou prazer. Eles podem saber no intelecto que Deus é amor, mas, no coração, sentem que Deus muitas vezes está com raiva ou distante e indiferente.

Grande parte deste livro se dedica a trazer à luz a verdadeira natureza bíblica de um Deus amoroso, a fim de contradizer essas crenças distorcidas e revelá-lo por quem ele de fato é. Se nós somos incapazes de acreditar que Deus realmente nos ama e sente afeição por nós, como seremos capazes de amar nós mesmos, amar os outros e amá-lo de volta da maneira que ele deseja?

De fato, as Escrituras deixam claro que "nós amamos porque ele nos amou primeiro" (1Jo 4.19). Quando esse amor de Deus resulta em amar nós mesmos, e amar nós mesmos, por sua vez, resulta em amar mais os outros, então retribuir o amor de Deus a ele, em gratidão, torna-se algo natural. No entanto, na tentativa de trazermos uma maior conexão do coração com a verdadeira natureza desse Deus amoroso, não queremos eliminar outros aspectos dele que também são bíblicos, mas podem ser difíceis de serem conciliados com seu amor.

Veja as seguintes passagens do Novo Testamento e considere o que Jesus compartilha de seu coração com aqueles que estão dispostos a ouvir:

> Não fiquem admirados com isto, pois está chegando a hora em que todos os que estiverem nos túmulos ouvirão a sua voz e sairão; os que fizerem o bem ressuscitarão para a vida, e os que fizerem o mal ressuscitarão para serem condenados. (Jo 5.28-29)

> Mas eu lhes digo que, no dia do juízo, os homens haverão de dar conta de toda palavra inútil que tiverem falado. Pois por suas palavras vocês serão absolvidos, e por suas palavras serão condenados. (Mt 12.36-37)

> Pois o Filho do homem virá na glória de seu Pai, com os seus anjos, e então recompensará [outras versões usam *retribuirá*] a cada um de acordo com o que tenha feito. (Mt 16.27)

> Como serão terríveis aqueles dias para as grávidas e para as que estiverem amamentando! Haverá grande aflição na terra e ira contra este povo. (Lc 21.23)

> Quem crê no Filho tem a vida eterna; já quem rejeita o Filho não verá a vida, mas a ira de Deus permanece sobre ele. (Jo 3.36)

Sabemos que, quando vemos Jesus, vemos o Pai (Jo 14.9) e, quando ouvimos Jesus, ouvimos o Pai. Portanto, essas palavras ditas por Jesus também refletem o que está no coração de Deus. Muitas vezes compartilhamos com nossos pacientes que devemos *amar o que Deus ama e odiar o que ele odeia*.

As palavras duras que Jesus pronunciou podem ser conciliadas com as palavras de amor que compreendem grande parte das Escrituras e que temos compartilhado neste livro? Faz sentido que esse Deus amoroso também possa odiar, quando sua essência básica, ou natureza, é o amor?

Acreditamos que a resposta é um enfático *sim*. Vamos explorar esse tópico com mais profundidade.

Vendo a raiva justa de Deus por meio de lentes distorcidas

Por causa de problemas de visão, que começaram quando eu (Jerry) ainda era jovem, tive de usar óculos ao longo da vida. Sem eles, não consigo ver nada com clareza. Mas, quando os uso, tudo fica focado.

Por ironia, podemos ter a visão corrigida fisicamente enquanto nosso coração permanece desfocado por causa de coisas que nos afetaram de modo negativo. Por exemplo, uma vez que meu pai tinha problemas com a ira, quando eu era jovem aprendi incorretamente que sentir ira é ruim.

Quando a ira de meu pai veio à tona, o impacto provocado por ela me moldou de várias maneiras, o que só percebi muitos anos depois. Entre seus efeitos, ela me levou a colocar a emoção da ira em uma categoria própria, com o rótulo "ruim" escrito por toda parte. O modo como eu via a ira estava totalmente distorcido e desfocado em comparação com o modo como Deus a vê.

Somente anos depois, em meio ao meu processo de cura, foi que comecei a ver que a ira, embora muitas vezes usada de maneira inadequada, é em si uma emoção necessária e divina. Infelizmente, um dos custos de minha crença distorcida sobre a ira foi a incapacidade de ver Deus e as emoções dele de forma correta.

Embora eu soubesse a verdade nas Escrituras de que "Deus é amor" (1Jo 4.8), a sobreposição da imagem de meu pai em meu coração me fez temer a Deus e o possível desagrado e ira dele em relação a mim.

Esse medo nem sempre predominou em meu pensamento; no entanto, alguns dos momentos mais difíceis de minha jornada de cura foram marcados por um forte medo e ansiedade em relação a Deus. Mas *não* é a isso que as Escrituras se referem quando falam que o "temor ao Senhor" traz sabedoria, entendimento e outras virtudes (Pv 9.10).

O medo de Deus me trouxe tormento. Se não permitirmos que ele revele e depois cure nossa compreensão distorcida da sua ira, teremos dificuldade para aceitar esse importante aspecto da natureza dele.

A ira de Deus revela seu amor

No capítulo 4 de Deuteronômio, Moisés ensina aos israelitas o que eles precisavam fazer e evitar enquanto se preparavam para seguir em direção à Terra Prometida. No versículo 23, ele os instrui a se lembrarem da aliança que fizeram com Deus e a não fazerem um ídolo na forma de algo que Deus tenha proibido. Moisés prossegue no versículo 24: "Pois o Senhor, o seu Deus, é Deus zeloso; é fogo consumidor".

Quando as pessoas leem esse versículo, o que em geral vem à sua mente é que esse "fogo consumidor" é um Deus cheio de ira e raiva que destruirá tudo o que estiver em seu caminho. No entanto, o significado mais profundo dessa passagem revela o forte desejo que Deus tem por nós em seu coração.

É verdade que esse desejo, essa paixão ardente, acabará por destruir tudo o que impeça o amor, ou seja, que seja contrário a ele. Mas essa ira ardente flui de seu profundo desejo e amor por seu povo.

Em seu livro *The Pleasures of Loving God* [Os prazeres de se amar Deus], Mike Bickle discorre sobre o fogo consumidor de um Deus zeloso e sobre o respectivo juízo divino:

> O fogo do juízo de Deus é um transbordamento, um subdepartamento de seu fogo de ardente desejo por seu povo. É uma manifestação de paixão que remove tudo o que impede o amor. O pecado impede o amor? Deus irá julgá-lo com paixão ardente a fim de libertar sua noiva [nós]. Os inimigos atacam o povo de Deus? O juízo virá sobre o diabo e suas forças enquanto Deus for instigado por uma paixão ardente para proteger sua amada. Deus julgará seus inimigos por causa do amor ardente. Seu coração se encherá cada vez mais de um zelo ardente, e ele atacará seus inimigos para proteger e vingar sua noiva.[10]

A ira de Deus é diferente da ira humana

Em *The Good and Beautiful God* [O maravilhoso e bom Deus], James Bryan Smith faz uma distinção entre a ira de Deus e a ira humana, que muitas vezes é expressa como paixão impulsiva e irracional. Ele descreve a ira de Deus da seguinte maneira:

> [A ira de Deus] É uma resposta consciente, objetiva, racional. Na verdade, é um ato de amor. Deus não é indeciso em se tratando do mal. Deus se opõe, feroz e energicamente, às coisas que destroem seu precioso povo, pelo que sou grato. É um sinal do amor de Deus: "A ira de Deus deve ser entendida em relação ao seu amor. A ira não é um atributo permanente de Deus. Enquanto amor e santidade são parte de sua natureza essencial, a ira depende do pecado humano; se não houvesse pecado, não haveria ira".
>
> A ira é uma reação necessária de um Deus amoroso e santo, um Deus maravilhoso e bom, ao mal. A ira de Deus é um *veredicto temporário e justo sobre o pecado e o mal*.[11]

Os limites estabelecidos por Deus falam de amor

Os pais de alguns de nossos pacientes também nunca tiveram limites estabelecidos pelos próprios pais deles quando eram crianças. Embora pareça que tenha sido bom na época, isso nunca lhes transmitiu amor. Muito pelo contrário. Limites saudáveis e piedosos de um pai para o filho, combinados às liberdades apropriadas, dizem ao filho que ele é valorizado e importante e que os pais se importam o suficiente para estabelecer certos limites. Da mesma forma, por meio das Escrituras e do exemplo de Jesus, Deus nos proveu limites para termos uma vida plena em todos os sentidos.

Quando trabalhamos com as feridas da infância que nos levaram a ver Deus como um Pai injusto, somos capazes de perceber que sua maior preocupação não é punir, mas levantar-se contra as coisas que nos feriram. Quando pecamos, isso nos machuca e, portanto, machuca Deus. Por quê? Porque ele nos ama. No entanto, ele não nos envergonha nem usa o medo ou a culpa para nos fazer parar ou ser melhores. É seu santo amor — sua paixão por nós e sua paixão contra o que nos fere — que nos leva a mudar. É a isso que, em Romanos 2.4, [Paulo] se refere quando diz que a bondade de Deus nos leva ao arrependimento genuíno. Esse Deus amoroso e bondoso é um Deus apaixonado, e ele mostra sua ira contra aquilo que fere a nós, aos outros e, finalmente, ao seu próprio coração.

Devemos temer a Deus?

Uma seção sobre a ira de Deus precisa discutir a questão do temor a Deus. O tema confunde muitos cristãos, uma vez que as Escrituras falam do temor a Deus como algo que devemos cultivar e estimar.

Para as pessoas que lutam contra o medo desde a queda da humanidade no jardim do Éden, isso não faz muito sentido. A solução para esse dilema baseia-se novamente na compreensão do verdadeiro significado da palavra *temor* e na desconstrução de nossos próprios conceitos distorcidos de autoridade. Precisamos fazer distinção entre *autoridade saudável e piedosa* e *controle e dominação baseados no medo*.

Abraham Joshua Heschel, em seu livro *God in Search of Man* [Deus em busca do homem], explica que a expressão "o temor a Deus" é derivada da palavra hebraica *yirah*. Ele escreveu:

> A palavra [*yirah*] tem dois significados: medo e reverência. Existe o homem que teme ao Senhor para não ser punido em seu corpo, em sua família e em seus bens. Outro homem teme ao Senhor porque tem medo do castigo na vida que está por vir. Ambos são considerados inferiores na tradição judaica. Jó, que disse: "Embora ele me mate, ainda assim esperarei nele" (Jó 13.15), não foi motivado pelo medo, mas pela reverência, pela constatação da grandeza do amor eterno.
>
> O medo é a antecipação do mal ou da dor, em contraste com a esperança, que é a antecipação do bem. A reverência, por outro lado, é o sentimento de admiração e humildade, inspirado pelo sublime ou despertado na presença do mistério . . . Ao contrário do medo, ela não nos faz encolher diante do objeto que nos impressiona, mas, em vez disso, aproxima-nos dele. É por isso que a reverência

é compatível com amor e alegria. Em um sentido muito real, reverência é a antítese do medo. Sentir "o Senhor é a minha luz e a minha salvação" é sentir "de quem terei temor?" (Sl 27.1). "Deus é o nosso refúgio e a nossa fortaleza, auxílio sempre presente na adversidade. Por isso não temeremos, ainda que a terra trema e os montes afundem no coração do mar" (Sl 46.1-2).[12]

Como eu (Jerry) mencionei anteriormente, lutei no passado contra um "medo do Senhor" que não era saudável. Era um tipo de medo demoníaco e torturante.

Eu não tinha tanto medo de que Deus derramasse sua ira sobre mim por eu não ser bom o suficiente, limpo o suficiente, santo o suficiente, porque eu me conhecia. Eu conhecia minhas lutas e meus pecados, e temia que essas coisas, por fim, fizessem com que Deus me rejeitasse. Isso aconteceu depois que lhe entreguei meu coração e confessei minha fé e confiança em seu Filho, Jesus Cristo.

Em minha mente, eu sabia o que as Escrituras diziam sobre o coração de Deus em relação a mim, mas, no lugar mais profundo e ferido de meus sentimentos, minhas crenças distorcidas me levaram a agir com um medo de Deus pouco saudável. Embora eu precisasse desesperadamente do Pai, esse medo tornava muito difícil eu me aproximar dele.

S. J. Hill, em seu livro *Enjoying God* [Desfrutando de Deus], resume isso da seguinte maneira:

> É o temor e a reverência ao Pai que nos aproximam de seu coração e nos levam a uma vida de plenitude espiritual e emocional. Em Provérbios 14.26, é dito que "aquele que teme o Senhor possui uma fortaleza segura". Podemos ter certeza de que, mesmo quando nos disciplina e nos corrige, ele ainda se compraz de nós. Muitos cristãos confundem correção divina com rejeição divina. Mas a correção do Pai está profundamente enraizada em sua afeição por nós. O texto em Provérbios 3.11-12 nos aconselha: ". . . Não despreze a disciplina do Senhor nem se magoe com a sua repreensão, pois o Senhor disciplina a quem ama, assim como o pai faz ao filho de quem deseja

o bem". Embora possa estar descontente com certa área de nossa vida, ele não está descontente conosco como pessoas.[13]

Por causa da vergonha tóxica que ainda era forte em mim, eu (Jerry) não conseguia fazer essa distinção em relação à disciplina amorosa de Deus Pai. Eu via a raiva, a ira e o medo como falta de amor e algo do qual eu tinha de correr. Só quando as mentiras em minha essência começaram a ser substituídas pelo amor de Deus e meu coração começou a ser curado foi que consegui ver esses atributos de Deus como coisas boas. Feito isso, comecei a correr *para* ele e permitir que ele ficasse ao meu lado, com os braços em volta de mim. Meus pecados e lutas já não eram mais só meus para resolver; agora meu Pai e eu trabalhávamos neles juntos.

A natureza do amor do Pai: uma história

Ao terminarmos este capítulo, vejamos outro exemplo da natureza do amor do Pai por nós pela perspectiva de um pai. Na narrativa a seguir, Donald Miller compartilha uma conversa que teve com um amigo, John, com quem conviveu por um tempo quando era jovem. John era casado com Terri na época, e eles tinham filhos pequenos, incluindo um garoto chamado Chris.

John diz a Donald:

Eu não sei, Don, talvez você tenha de ser pai para entender. E acho que um dia você entenderá. Mas não há amor como esse [o amor de Deus como Pai]. Eu amo o Chris e as meninas de um modo que não consigo explicar. Eu não consigo mesmo. Parece um tipo de milagre. Eu quero que eles amem a vida; quero dar alegria a eles; quero que amadureçam. E agora que tenho sentido tudo isso, compreendo muito mais a vida; entendo por que um pôr do sol é lindo; entendo por que não consigo o que quero o tempo todo; entendo por que Deus me disciplina; entendo que Deus é pai.[14]

O MANDAMENTO ESQUECIDO: AME A SI MESMO

Mais tarde, Don continua a história:

> Ele [John] me disse que, quando Terri deu à luz Chris e ele pôs o filho nos braços pela primeira vez, isso foi o mais próximo que ele já esteve de entender o amor de Deus. Ele disse que, embora não conhecesse aquela "pessoinha", aquele bebezinho, sentia um amor incrível por ele a ponto de deitar-se à frente de um trem, se fosse preciso, de entregar a própria vida sem pensar, só por causa da existência daquela criança... Em outros relacionamentos, a pessoa que ele conhecia precisava conquistar seu amor... Mas não foi assim no caso de seus filhos. Seu amor por eles foi instantâneo, a partir do momento em que nasceram. Eles não fizeram nada para conquistar seu amor, senão nascer. Foi o amor mais verdadeiro e mais incondicional que ele conheceu. John disse que, se o seu amor por Chris fosse o menor indício de como Deus nos amou, então ele tinha toda a segurança do mundo em lidar com Deus porque sabia, em primeira mão, como era o amor de Deus por ele: um amor completo.[15]

Oramos para que cada um de nossos pacientes tenha essa conexão emocional com o coração do Pai quando eles entram no processo de cura. Às vezes, essa conexão não ocorre de modo imediato, mas pode ocorrer mais tarde. Todos nós somos únicos no modo como fomos criados e no modo como Deus vem ao nosso encontro em nosso caminho de cura. Quer você o sinta fortemente ou não no meio de sua jornada, tenha certeza de que ele, de fato, tem sentimentos.

Ele tem sentimentos de amor por VOCÊ.

Essa é a verdade!

O que Deus sente em relação nós?

ORAÇÃO

Pai, há muito que preciso saber sobre ti e sobre teu coração. Preciso te ver por quem tu realmente és e deixar que esta revelação chegue ao fundo de meu ser. Desejo sentir e agir mais com o coração e menos com o intelecto. Eu te convido a abrires meu coração e começares a remover qualquer coisa que me impeça de sentir as coisas que estão em teu coração para mim. Teu Filho, Jesus, viveu com um coração apaixonado, e eu também quero isso. Acredito que me fizeste à tua imagem — sentimentos e tudo mais. Pai, quero sentir o que tu sentes, como Jesus, e ser um reflexo disso para os outros. Peço isso em nome de teu Filho, Jesus. Amém.

O MANDAMENTO ESQUECIDO: AME A SI MESMO

QUESTÕES PARA REFLEXÃO

1. É muito difícil para você dizer à pessoa ao seu lado na igreja: "Eu sou aquele a quem Jesus ama"? Para enfatizar a força da afeição que João sentiu da parte de Jesus, na versão *A Mensagem* a referência de João a si mesmo é traduzida como "aquele que Jesus amava" (Jo 13.22-25). Em sua opinião, o fato de João escrever dessa maneira sobre si mesmo parece ser ofensivo ou arrogante da parte dele? Você poderia imaginar a possibilidade de o Pai ficar encantado se você se descrevesse dessa maneira? Por quê?

2. Pergunte a si mesmo em qual das seguintes opções você acredita e de acordo com qual vive: "Nada pode me separar do amor de Deus" (Rm 8.39) ou, como é dito na placa da igreja no final da rua, "acerte-se com Deus ou fique para trás".

   Existe alguma diferença entre aquilo em que você acredita em sua mente e o que está em seu coração? Ou, em se tratando daquilo em que você acredita, você tem um padrão para os outros e outro para si mesmo?

   Jerry compartilhou que, durante sua própria jornada de cura, ele podia sentir a dor e a tristeza de Deus por ele, por causa de feridas que impactaram seu coração — mas, ao mesmo tempo, ele também podia sentir a esperança de Deus em relação ao seu futuro. A ideia de sentir os sentimentos de Deus por você, de modo pessoal, é uma nova revelação? É muito difícil para você acreditar que Deus se importa tanto com você a ponto de sentir sua tristeza, desespero, decepção e alegria ao seu lado?

3. Releia *Uma carta ao Aba Pai*. Compartilhe os trechos em que é especialmente difícil para você acreditar nas palavras [de Deus] e aceitá-las em seu coração. Essa já é uma velha luta sua por causa de feridas do passado?

4. Imagine o seguinte: Você é a "ovelha perdida", em Mateus 18.12-13. Você é o primeiro na lista de Deus. (Na matemática dele, é como se cada um de nós fosse *a ovelha perdida*.) Você não é apenas uma das 99 ovelhas. Suas necessidades são importantes, bem como suas carências, seus clamores, suas lágrimas, sua dor, sua vergonha, seu medo, suas esperanças, seus sonhos, sua identidade, seu chamado, seu destino. Tudo isso é importante para Deus também. Pense nisso nos próximos dias.

5. Você já lutou contra um temor ao Senhor pouco saudável? Como você responde à seguinte declaração: *A paixão ardente de Deus é contra qualquer coisa que impeça o amor, ou seja, contrário a ele — e está centrada em seu amor por você.*
6. Faça em voz alta e de todo o coração a oração que encerra este capítulo. O Deus Pai acreditará em suas palavras. Não é necessário nenhum esforço de sua parte.

CAPÍTULO 5

RECUAR PARA AVANÇAR

Com que emoções negativas estou lidando no momento? Estou sozinha, sentindo-me mal, culpada, desamparada, sem esperança, insuficiente, inferior, insegura, insignificante, rejeitada, condenando a mim mesma. Sinto-me uma idiota. Não sou aceita. Não tenho importância. Não tenho valor. Sei que não deveria me sentir assim em relação a mim mesma, mas não consigo evitar que essas emoções tomem conta de mim.
—Filha de um pastor, em sua primeira sessão de terapia

A jornada de volta para casa

Estamos convencidos de que a verdadeira cura espiritual resultará em *voltar para a casa do Pai* — para o coração amoroso e curador de Deus. Mas, para que isso aconteça, devemos estar dispostos a voltar para nossa própria casa — isto é, para as circunstâncias em que crescemos. Muitas vezes, é aqui que o Senhor revela como fomos moldados por coisas que não deveriam ter acontecido conosco, mas aconteceram, e por coisas que deveriam ter acontecido, mas não aconteceram. É nessa jornada para casa que ele nos mostra as coisas em nossa vida que se alinham com seu plano perfeito e nos cura das coisas que não se alinham. É a partir desse lugar que ele nos permite encontrar cura para nosso próprio coração, a fim de encontrá-lo.

Uma maneira de visualizar esse processo é pensar em um caminho de trilhos de trem, que simbolizam o caminho que Deus intentou para nós, a partir do ponto em que fomos colocados nesta terra. Esse caminho de trilhos, projetado por Deus, representa sua perfeita vontade para nossa vida.

No entanto, à medida que começamos nossa vida e jornada nesse ponto de partida, muitas vezes começamos a estabelecer e a viajar por um caminho diferente, fora desses trilhos que ele intentou para nós.

Quando chegamos a um lugar no qual percebemos que estamos nos trilhos errados, temos apenas uma boa escolha a fazer: parar, dar meia-volta e permitir que Deus nos leve de volta para casa, de volta para onde crescemos, a fim de que possamos encontrar a cura de que precisamos ao longo do caminho.

Muitos preferem apenas sair dos trilhos nesse ponto e seguir pelo caminho melhor que Deus intentou para eles. Mas isso não é realmente possível. Deus pede que confiemos nele e permitamos que ele nos mostre as áreas com feridas em nosso coração, para que possamos perdoar os outros, receber perdão para nossas próprias respostas ofensivas e permitir que nosso Pai efetue a verdadeira cura e restauração. A jornada para casa não é fácil e levará um tempo, mas é necessária.

Ao pegarmos esse trem de volta para a casa de onde viemos, o Pai nos mostrará placas e *outdoors* de nosso passado sobre os quais podemos ou não estar cientes. É preciso que estejamos dispostos a ver o que ele deseja que vejamos e sentir o que ele deseja que sintamos. É preciso que estejamos dispostos a ver a verdade sobre o que aconteceu conosco durante a infância e como reagimos a isso, para que possamos começar a viajar de maneira mais harmoniosa pelo caminho ou pelos trilhos que Deus de fato intentou para nós.

Você sabe onde está nesta jornada? Sente a compaixão do Pai por você e pelos outros? Pode descansar na casa — no coração — dele? Os frutos de sua vida indicam que talvez você tenha tomado trilhos diferentes daqueles que Deus intentou para você desde o início? Se a resposta for sim, ele pede que você pare e traga de volta para ele essas partes de seu coração e permita que ele o cure e o coloque de novo no caminho certo: o caminho dele.

Aquilo de que toda criança precisa e o que ela merece[16]

Enquanto atendemos pacientes, pedimos que eles reflitam sobre diferentes necessidades que, a nosso ver, Deus diz serem importantes em nossos primeiros anos de desenvolvimento, do nascimento aos sete anos de idade.

E nós os encorajamos a perguntarem a si mesmos e ao Espírito Santo: "Até que ponto tenho essas necessidades por causa do meu pai e da minha mãe — necessidade de sentir-me amado, de receber afeto, de ter um senso de pertencimento, de ser protegido, de ter um senso de liberdade, de receber orientação emocional?"

Vamos tratar dessas necessidades!

Sentir-me amado significa que me senti especial, precioso, valorizado, importante e significante — que eu merecia o melhor.

Ter um senso de pertencimento significa que eu tinha um lugar especial na família. Fiz uma contribuição especial; ocupava uma posição de importância.

Ser *protegido* significa que eu sabia que minha casa era segura e livre de perigos. Eu podia ser quem era. Tinha liberdade para pensar e sentir de modo diferente dos outros. Podia ter meu próprio tempo, meu jeito de fazer as coisas e meus próprios pensamentos, sentimentos e necessidades. E sempre podia ter certeza de que teria apoio e cuidado.

Ter um senso de liberdade significa que eu tinha liberdade para brincar e ser espontâneo. Eu podia rir, explorar e ser criativo. Podia tentar maneiras novas e diferentes de fazer as coisas. Tinha meu próprio senso de vitalidade.

Receber orientação emocional significa que fui ouvido e que meus pensamentos e sentimentos foram respeitados. Recebi o tempo e a atenção necessários para me dar direções claras e me ajudar a resolver problemas. Senti-me instruído e apoiado.

Muitas vezes, quando lembram a infância, os pacientes são incapazes de validar se muitas dessas necessidades importantes foram supridas na família. Seu arquivo está bem vazio.

A história de Karen

Karen, uma jovem a quem estávamos atendendo, compartilhou conosco a experiência de como suas necessidades não supridas na infância deixaram um *deficit* em seu coração, com consequências terríveis de desprezo próprio e ódio de si mesma. Aqui está sua história:

> *Sentir-me amada.* Meu pai nunca me mostrou que eu era especial, preciosa, valorizada ou importante. Eu era insignificante. Eu não tinha importância. O que importava era como ele se sentia e parecia — como os outros viam meu pai e a família. Não me lembro de ele dizendo que eu era amada, beijando-me, colocando-me na cama nem lendo para mim. Eu pensava que ele me amava porque ele sustentava nossa família e, acredite ou não, porque ele gritava comigo. Eu pensava que a atenção negativa que recebia dele era melhor do que nenhuma atenção. Tenho muitas lembranças de ter sido ridicularizada, de ter sido feita alvo de escárnios e de ser intimidada com gritos, na frente dos outros. Não tenho lembrança alguma de meu pai demonstrando amor.
>
> *Receber afeto.* Meu pai nunca me afagou nem me abraçou; na verdade, ele me ensinou o contrário. Se minha mãe tocasse em mim ou nele de forma carinhosa, ele zombava como se fosse uma fraqueza e algo "nojento". Não há fotos de ele me abraçando nem encostando em mim. Aprendi que ser afetiva não era acolhedor nem positivo, mas algo fraco e desagradável.
>
> *Ter um senso de pertencimento.* Nunca tive um lugar na família. Eu parecia mais um atraso de vida. Nunca me senti confortável nem segura com meus pais. Eu odiava ficar em casa e adorava sair e ir para longe, sozinha. Outras vezes eu ficava sozinha no meu quarto. Eu me sentia mais segura e menos tensa lá. Aprendi a pisar em ovos e muitas vezes tinha medo de que meu pai encontrasse algo para me ridicularizar e me intimidar. Eu não podia ser eu mesma perto do meu pai, porque ele me atormentava até eu concordar com ele; então, eu sempre concordava com ele, porque queria evitar conflitos ou brigas.

Recentemente, Karen sentiu o terno amor de Deus Pai pela menina que havia nela. Pela primeira vez, ela sentiu de verdade que tinha valor para Deus. Pediu ao Pai que a perdoasse por se odiar e concordou com ele em amar o que ele ama.

Quando nosso coração e nosso espírito são feridos de maneira tão profunda em nossos anos de formação, precisamos de mais do que um curativo. Precisamos daquele que cura.

O impacto da ferida do pai

Como discutimos anteriormente, o papel do pai e da mãe na vida de uma criança é importante. Pai e mãe são fundamentais para estabelecer um sólido alicerce para a criança avançar no sentido de um desenvolvimento emocional e espiritual saudável, ou para dificultar drasticamente esse processo. E, ao contrário do que muitas vezes se acredita, parte do impacto emocional mais grave em uma criança e futuro adulto não provém apenas de ações abusivas, *mas provém da ausência de ações amorosas.*

Estudos têm mostrado que a criança em desenvolvimento sofre mais danos emocionais do que qualquer outro tipo de dano por causa do "pai silencioso", com exceção do pai sexualmente abusivo[17].

O *pai silencioso* é, de forma passiva, mais do que visivelmente destrutivo. Em vez de feridas e cicatrizes exteriores em uma criança, todas essas feridas são interiores. Até onde se pode ver, nada de fato foi feito à criança para explicar os danos. O adulto pode até dizer: "Eu tive uma boa infância". Mas o silêncio e a falta de envolvimento do pai cultivam percepções distorcidas em uma criança. Quando há um problema, ela conclui: "Deve haver algo errado comigo. Eu devo ser o problema".

Já mencionamos que uma das maiores necessidades da criança é saber profundamente no coração que aquele lugar é dela — que sua existência é importante.

Donald Miller, em seu livro *Father Fiction* [Pai fictício], descreve como a saída de seu pai, quando ele era muito jovem, impactou-o no quesito *pertencimento*. (Donald cresceu com uma mãe que trabalhava fora e com a irmã mais nova.)

> ... Nunca pensei em associar a exaustão emocional e física de minha mãe à falta de marido e pai [para os filhos dela]; sim, eu a associei à minha existência. Em outras palavras, cresci aprendendo ... que, se eu não existisse, a família estaria em uma posição melhor. Cresci acreditando que, se eu nunca tivesse nascido, as coisas seriam mais fáceis para as pessoas que eu amava.
>
> Um pensamento como esse pode prejudicar uma criança ... Se um filho cresce com a ideia de que é um peso para as pessoas ao seu redor, ele vai agir como se o mundo não o quisesse. Só reconheci esse sentimento nos últimos anos — entre meus vinte e trinta anos —, mas isso sempre esteve lá.[18]

Às vezes, os pacientes têm dificuldade em conectar-se à dor das memórias de infância porque seus pais são diferentes agora. Mas não importa como nossos pais nos tratam hoje, quando somos adultos, porque as experiências durante a nossa fase de formação aconteceram quando éramos crianças. Embora seja bom que os pais se tornem mais experientes e nos apoiem mais como adultos, isso não cura feridas profundas que ocorreram em nossos anos de formação.

Em minha infância, eu (Denise) não me lembro do meu pai me dizendo que me amava. Uma vez que não ouvi as palavras literais, tive de aprender que ele me amava de outras maneiras. Ele sempre cuidava da família. *Ele devia me amar.* Ele às vezes me levava para trabalhar com ele. *Ele devia me amar.* Ele me trouxe um cachorrinho. *Ele devia me amar.* (Pensando bem, acho que ele trouxe o cachorrinho como presente para si mesmo, mas a única maneira de convencer minha mãe a deixá-lo ficar com o animal foi fazer com que parecesse um presente para mim.)

Então, para minha surpresa, no dia de meu casamento, quando eu tinha 20 anos, meu pai me disse pela primeira vez que me amava. Lembro-me exatamente de onde eu estava (na recepção) e de toda a agitação à nossa volta quando ele disse estas três palavras: *Eu amo você.*

Obviamente, tais palavras causaram um impacto em mim e deixaram uma marca em minha mente e em meu coração, e foi maravilhoso ouvi-las. Mas elas não chegaram aos lugares vazios do coração da menina que havia em mim — a criança dentro de mim que precisava saber que era preciosa, especial, amada e importante para o pai.

Roland Warren, presidente da National Fatherhood Initiative, expressou-se melhor: "A criança tem um buraco na alma com a forma do pai [e da mãe]. Se o pai [ou a mãe] é incapaz de preencher esse buraco ou não está a fim de fazê-lo, isso deixa um vazio — deixa uma ferida"[19].

No ministério, encontramos apenas uma maneira de curar essa ferida: convidar o Pai, que é Senhor de todo o tempo, a voltar à nossa vida e curar nosso coração partido, preenchendo lugares que estão total ou parcialmente vazios e removendo qualquer mancha de dor, de vergonha ou de medo.

Voltando à história de Donald Miller, ele disse:

> ... enquanto eu processava as ramificações de crescer sem pai, percebi o terrível buraco em meu coração que esta ausência havia deixado. Eu gostaria que meu pai e eu tivéssemos uma amizade e que ele ligasse para mim de duas em duas semanas, para me dizer que eu estava me saindo bem. Anseio por isso. Na verdade, não gosto de pensar nessas coisas, mas tenho a sensação de que *as feridas só cicatrizam quando as sentimos* ... [Eu tenho de] chegar à difícil verdade de que a dor estava ali porque eu queria ser amado, mas não era. Eu queria ser importante para meu pai, mas não era. Eu queria ser guiado, mas não era. E então, honestamente, [eu tenho de estar disposto a] sentir o que quer que essa dura verdade cria — responder da maneira que preciso responder.[20] [Ênfase, em itálico, adicionada]

Aqui está uma carta trágica, que fala do poder da ausência do pai na vida de uma menina:

Papai,
zero — nada — 0 — nada.
Foi isso que você me deu.
É isso que temos juntos, como pai e filha:
NADA...
Eu queria tanto um pai.
Eu só queria o que toda garota quer.
É triste ver quanto nós dois perdemos.
O mais triste, de verdade, é que eu acho que você tinha muito potencial para ser o melhor pai do mundo.

O MANDAMENTO ESQUECIDO: AME A SI MESMO

O que foi que aconteceu com você para não conseguir fazer isso?
É tão triste saber que suas feridas e fraquezas atrapalharam tudo.
Eu queria que você tivesse sido forte o suficiente para nos proteger da mamãe.
Você nem pôde fazer isso por si mesmo, então acho que não poderia ter feito por mim também.
Isso me deixa triste e com raiva.
Você me deixou sem nada, exceto um grande vazio de amor no meu coração.

E sabe o que mais, pai? — Se você tivesse conseguido me ver e me ouvir —,
você teria percebido como eu era uma menina doce e amorosa.
Como eu queria e precisava que você me amasse!
Como eu queria agradar e amar você de volta!

Um pai deveria ser o primeiro amor de uma menina.
[Deveria] Mostrar a ela o que ela merece e como deveria ser amada.
Você não me deu nada disso.

Eu vivi minha vida inteira com o coração sedento, sem receber nada.
É uma dor que sufoca a cada dia.
Eu sei que você realmente tinha algo para me dar.
Esse fato poderia até aumentar a dor.
Mas, infelizmente, para nós dois, você não conseguiu descobrir um jeito de dar o que tinha para me dar.
Eu escolho perdoar você, pai,
embora eu desejasse que tivesse sido diferente.

Eu escolho perdoar você, pai,
mesmo sabendo que nunca será.
Eu escolho perdoar você, pai,
mesmo que isso tenha me custado o meu próprio eu.

Sua menina perdida

Problemas com a mãe

Tão vital quanto o pai para o desenvolvimento de um filho, é a mãe, e de várias maneiras. É ela quem nutre a nova vida no ventre e quem continua a ter esse cuidado com o recém-nascido até o primeiro ou segundo ano de vida da criança. Durante esse primeiro ano, a criança se espelha na mãe e é uma extensão dela e do cuidado que ela oferece.

Nessa fase bem inicial, o bebê nem percebe que está separado da mãe. Somente quando o pai entra em cena e começa a afastar a criança da mãe — o ideal é que seja por volta dos dois ou três anos — é que a criança percebe que ela existe à parte da mãe.

Nesse período inicial da vida da criança, a mãe é fundamental para estabelecer a base de confiança e segurança sobre a qual o desenvolvimento saudável da criança poderá prosseguir.

Esse amor fundamental é comunicado pela mãe de três maneiras importantes[21]:

Toque afetuoso. Fomos criados para dar e receber carinho. Os médicos têm comprovado cientificamente que, sem toque, o corpo e as emoções se tornam pouco saudáveis. Tocar alguém de maneira afetuosa diz a essa pessoa que ela é importante para você; ela tem senso de pertencimento e valor. Se não recebemos o toque afetuoso da maneira correta quando éramos crianças, então, na adolescência, podemos nos permitir ser tocados da maneira errada.

Contato visual. Os olhos são, de fato, as janelas da alma por meio das quais o amor é comunicado a uma criança. Ela bebe do amor que flui para ela por meio do contato visual com os pais. Se a criança não vê olhares compreensivos e amorosos nos pais, o resultado pode ser uma ferida que permanecerá aberta pelo resto da vida. A criança pode então se sentir desajeitada, insegura, isolada e deslocada em seus relacionamentos.

Tom de voz. Os bebês aprendem a criar laços e confiança quando os pais olham nos olhos deles e falam palavras amorosas, com uma voz encorajadora, suave, terna e empática. A influência da voz da mãe e do pai continua ao longo de todos os anos de formação da criança. O tom amoroso alimenta a alma e ajuda a criança a sentir aceitação e valor para que possa andar livre do medo da rejeição e do fracasso.

Quando a mãe é incapaz, por qualquer motivo, de transmitir de modo efetivo cuidado e amor à criança por meio do toque, do contato visual e da voz, pode ocorrer uma falha na capacidade da criança de confiar e de descansar no amor e no cuidado materno. Consequentemente, o abandono emocional, a rejeição e a insegurança generalizada muitas vezes criam raízes. Embora esses problemas não sejam apenas relacionados à mãe, seu papel neles é importante demais.

Vimos muitos homens e mulheres associarem as raízes de tais problemas ao relacionamento com a mãe. Em alguns casos, o medo de intimidade por parte da mãe, fruto de suas próprias feridas profundas, impedia seu coração de estar totalmente disponível para o filho. O coração e o espírito da criança não recebiam aquilo de que precisavam para estabelecer segurança e confiança.

Em outros casos, a mãe parecia oferecer uma grande dose de cuidado e amor; no entanto, suas necessidades profundas faziam-na sufocar a criança com "amor", por causa da necessidade que ela mesma tinha de se sentir valorizada, necessária e amada. Nesses casos, a mãe está recebendo mais do que a criança, que fica com lugares vazios que clamarão para serem preenchidos mais tarde na vida.

Existem, é claro, outros exemplos mais evidentes de problemas maternos prejudiciais, como ausência física, vício em álcool (ou outros vícios), negligência das necessidades básicas da criança, abuso verbal, emocional, físico ou sexual, não conseguir proteger a criança do abuso de outras pessoas ou apenas não ser emocionalmente presente. Quando ocorrem problemas maternos como esses, o resultado é uma grande rachadura no alicerce da criança e futuro adulto.

O "coração de mãe" de um Deus que cuida

Deus não é homem nem mulher. Quando usamos a expressão *coração de mãe* para descrevê-lo, estamos tentando descrever sua personalidade: sua própria natureza.

Uma vez que normalmente nos referimos a Deus como Pai, podemos achar difícil pensar nele como alguém que tem um "coração de mãe". No entanto, sabemos que Deus nos criou à sua própria imagem, e ele disse que nos criou homem e mulher (Gn 1.27). Então, se somos homens e mulheres e feitos à imagem de Deus, a natureza divina deve incluir características masculinas e femininas.

Vários textos nas Escrituras se referem a esse tipo de amor cuidadoso de Deus. Aqui estão alguns deles:

> Haverá mãe que pode esquecer seu bebê que ainda mama e não ter compaixão do filho que gerou? Embora ela possa esquecê-lo, eu não me esquecerei de você! Veja, eu gravei você nas palmas das minhas mãos. (Is 49.15-16)

> Eu a amei com amor eterno; com amor leal a atrai. (Jr 31.3)

> Antes de formá-lo no ventre eu o escolhi; antes de você nascer, eu o separei. (Jr 1.5)

Aqui está uma das expressões mais fortes do cuidadoso "coração de mãe" de Deus:

> Pois vocês irão mamar e saciar-se em seus seios reconfortantes, e beberão à vontade e se deleitarão em sua fartura. Pois assim diz o Senhor: "Estenderei para ela a paz como um rio e a riqueza das nações como uma corrente avassaladora; vocês serão amamentados nos braços dela e acalentados em seus joelhos. Assim como uma mãe consola seu filho, também eu os consolarei; em Jerusalém vocês serão consolados". (Is 66.11-13)

Esse é o Deus que deseja nos curar. Ele é aquele que criou em nós a necessidade de um amor profundo e fundamental que cuida, e ele *irá* curar todas as nossas feridas — incluindo as feridas causadas por nossa mãe — e restabelecer os aspectos em que nossa confiança foi quebrada.

Quando o filho é quem está no papel de pai ou de mãe

Às vezes, o papel do filho fica confuso por causa das necessidades não supridas de um pai ou de uma mãe. É bem comum o filho assumir a responsabilidade de proteger esse pai ou essa mãe e de cuidar deles, em vez de receber cuidado e proteção. O filho espera compensar a mágoa, a dor, a solidão ou a infelicidade dos pais, sobretudo no casamento, ao tentar agradar o pai ou a mãe e manter a paz.

Um filho nessa posição não aprende a identificar e a valorizar suas próprias necessidades, seus sentimentos e sua identidade. Ele perde a infância bem cedo e torna-se mais adulto à medida que aprende a carregar o fardo dos outros. Muitas vezes é aplaudido por seu "comportamento adulto", por ser tão responsável e tão "bom". Ninguém nota que não estão lhe deixando ser criança. Não há tempo para isso, pois ele está muito ocupado assumindo responsabilidade no lugar dos outros.

Anna aprendeu que cabia a ela manter o pai feliz. Ela o deixava vencer quando jogavam jogos de tabuleiro juntos. Dessa forma, evitava uma explosão de raiva dele, uma vez que o pai era competitivo e não sabia perder. Ele, sobretudo, não queria perder para uma criança.

O pai esperava que Anna passasse os sábados com ele, mesmo que a filha quisesse brincar na rua com as amigas. Às vezes ele ficava sem falar com Anna durante dias, porque ela não vinha correndo ao seu encontro para dizer *oi* quando ele chegava à sua casa. Ele precisava que Anna lhe desse aquilo de que ele precisava e o que ele queria, uma vez que a esposa não estava emocional ou relacionalmente disponível para ele.

Como Anna, Terry também aprendeu a ser responsável pelo pai ou pela mãe. Seus pais eram infelizes no casamento e não havia conexão emocional entre eles. Pai e mãe PRE-CI-SA-VAM dos filhos para que a vida deles fosse suportável.

Terry sentia uma culpa terrível quando não dava *boa noite* aos pais. Ele se lembra de entrar no quarto dos pais e de deitar-se com o pai à noite, muitas vezes abraçando-o e dormindo ao lado dele até que a mãe viesse para a cama, algumas horas depois.

Isso continuou na adolescência, com Terry tentando suprir as necessidades dos pais, enquanto também procurava preencher em seu próprio coração um vazio de afeto e amor, o que nunca conseguiu.

O fato de a favorita de seu pai ser a irmã de Terry também não ajudou. O pai de Terry se apegou a ela quando a menina era muito jovem e fez da filha sua confidente emocional.

A mãe de Terry, por outro lado, ligou-se a ele e era excessivamente possessiva; era como se Terry usasse uma camiseta que dissesse: "Ele é meu!" Estranhamente, a mãe não era afetuosa com Terry e nunca o abraçava, beijava ou lhe dizia que o amava. Ela só precisava dele para si mesma.

Embora Terry agora seja um homem adulto, casado e independente, sua mãe ainda o chama de "meu bebê precioso" e compra coisas só para ele. Essa mãe conta os dias para poder vê-lo de novo. Isso NÃO É BOM para Terry, nem para a esposa dele, nem para o casamento deles. Terry tem tentado "deixar pai e mãe e se unir à sua mulher", mas a mãe não consegue se desprender do filho.

Uma história pessoal de amor que seguiu o caminho errado

Eu (Jerry) sofri muito com uma ferida causada por minha mãe na infância. No entanto, só aos trinta e poucos anos foi que me dei conta disso, graças à percepção de um terapeuta que era pastor.

Eu sempre soube que meu pai era viciado em trabalho e de seu problema com a impaciência, a ira e a raiva. Mesmo quando jovem, eu sentia que crescer naquele ambiente me afetava. Eu havia lutado contra o medo e a ansiedade por algum tempo, e atribuí boa parte disso ao meu pai.

Mas, para meu espanto, quando meu terapeuta ouviu minha história durante nossa primeira sessão, ele teve outra opinião. "Jerry, eu concordo que seu pai afetou muito você", disse ele, "e, sim, será importante tratar desse assunto durante o processo de cicatrização. No entanto, acredito que o maior problema para você é lidar com o impacto de sua mãe durante sua fase de crescimento".

Olhei para ele com uma expressão confusa, como um animal indefeso diante dos faróis de um carro. "Esse cara está louco?", pensei. "Talvez esta seja minha primeira e última sessão com ele."

Não houve tempo para ele explicar por que havia chegado a tal conclusão, especialmente porque tinha ouvido um relato de apenas 20 a 30 minutos sobre minha infância e sobre os problemas que me afligiam no momento.

Mas algo dentro de mim percebeu que o homem havia descoberto algo. E, ao continuar a terapia com ele, descobri que ele estava certo em sua conclusão, e fiquei muito grato por sua percepção.

Deixe-me fornecer um pouco mais de contexto. Por causa dos problemas não resolvidos de meu pai, ele era incapaz de lidar de modo efetivo com sua dor interior. A emoção predominante que ele expressava era a raiva. Essa raiva indicava vários outros problemas, como medo, ansiedade e uma profunda necessidade de ter sucesso e evitar a vergonha de não ser capaz de obtê-lo. Esses problemas, alimentados por fatores financeiros estressantes, criavam tensão entre meu pai e minha mãe, cujas necessidades de uma maior intimidade emocional no casamento não estavam sendo supridas.

Eu era o caçula de três filhos (vindo quatro anos depois do irmão que veio antes de mim) e, por algum motivo, adotei o papel de cuidar emocionalmente de minha mãe. Quando ela chorava, eu tentava consolá-la. Quando ela e meu pai discutiam, eu tentava entrar no meio para protegê-la emocionalmente. Durante os momentos em que minha mãe se sentia muito magoada e frustrada com meu pai, ela compartilhava seus pensamentos e sentimentos comigo. Embora minha mãe não percebesse, eu estava suprindo grande parte de suas necessidades emocionais.

Então, quando me encontrei com meu terapeuta naquela primeira sessão e ele me confrontou, dizendo que eu tinha problemas com minha mãe, tudo em que pude pensar em resposta foi que minha mãe havia sido a pessoa emocionalmente presente para mim e meus irmãos. Ter problemas com minha mãe apenas não fazia sentido.

No entanto, nos meses seguintes, passei a entender que grande parte do amor e do cuidado que minha mãe mostrou a mim, quando eu era criança, não supriu minhas necessidades emocionais. Pelo contrário. A atenção que ela me deu foi uma tentativa de preencher suas próprias necessidades não supridas. Grande parte de seu amor estava *indo na direção errada*. Consequentemente, restou-me um *deficit* de amor. E a proximidade pouco saudável entre mim e minha mãe resultou em grandes problemas nos primeiros anos de meu casamento com Denise.

Temos trabalhado com muitos homens e mulheres que perderam a infância ao assumirem, quando crianças, a responsabilidade por um dos pais ou por ambos. Uma vez que esses pacientes se conscientizam de como uma conexão excessivamente próxima com o pai ou a mãe os afetou, eles experimentam o toque de cura do Pai para esse problema fundamental de identidade.

Quando faltam lembranças

Muitos que nos procuram lutam contra a ira, a raiva, a depressão, a ansiedade, a perda de propósito e de vocação, o conflito relacional ou vários tipos de dependência. Muitas vezes, também acham difícil se conectar com Deus em um nível íntimo. Contudo, quando refletem sobre seus primeiros anos de desenvolvimento — o período em que a identidade é moldada —, eles não conseguem reconhecer nenhuma memória negativa que pudesse ter causado os problemas que têm no momento.

Alguns indivíduos têm pouquíssimas lembranças dos primeiros seis ou sete anos de vida. Por essa razão, muitas pessoas não levam em consideração a possível conexão entre o problema e as experiências de infância. Quando essas pessoas entram no processo de "desfazer as malas" da infância, as malas parecem estar vazias. Assim, uma das questões mais importantes para muitos pacientes, em nossa experiência, também tem sido uma das ignoradas com mais frequência.

Quando as necessidades de uma criança não são supridas — necessidades que Deus intentou que fossem supridas pelos principais responsáveis por ela —, surgem grandes consequências nos anos posteriores. Esse tipo de ferida pode ser tão prejudicial quanto algumas feridas mais evidentes, embora seja mais difícil para a pessoa identificá-lo. O método que visa à cura das lembranças muitas vezes não funciona tão bem nesses casos.

Talvez, durante um culto na igreja, você tenha ido à frente para receber oração pela cura de problemas emocionais, mas isso não foi muito útil. Mas você conhece alguém que recebeu oração e, consequentemente, uma cura significativa para uma lembrança que veio à tona na época. Tais experiências podem resultar em muita vergonha e condenação de si mesmo. Nós nos perguntamos: "O que há de errado comigo? Por que Deus não me cura?" Você precisa saber que não há nada errado com você. Às vezes, simplesmente não há lembranças que precisam ser curadas, e, portanto, a cura precisa vir de outra maneira.

Educamos nossos filhos como fomos educados

As pessoas aprendem a se envergonhar e a educar os filhos da mesma maneira que foram educadas. Denise e eu vemos essa realidade comprovada de modo repetido nas sessões de terapia. Vamos fazer umas perguntas:

> *Haveria algum problema para você se o seu filho ou a sua filha crescesse em seu lugar na casa onde você nasceu?* (Você poderia ser um mosquito na parede e observar, mas não poderia intervir de modo algum — você só poderia observar. Seu filho ou sua filha cresceria exatamente nas mesmas circunstâncias que as suas, recebendo o mesmo tratamento de seus pais, irmãos e avós.) Tudo bem isso para você?

Quando fazemos essas perguntas durante as sessões de terapia, algo forte muitas vezes acontece no paciente. Jogamos no "ventilador da verdade" de Deus todo o fingimento, toda a fantasia, toda a lealdade à família (sobretudo em relação aos pais) e toda a minimização dos danos que sofremos. A pessoa é forçada a confrontar todos os recursos que usou para não sentir a dor enterrada no íntimo.

Ela pode ter se convencido de que "não era tão ruim assim; a coisa era pior com outras crianças". Pode ter se convencido de que *seus pais a amavam mesmo que não demonstrassem nem dissessem isso*. Pode expressar declarações do tipo: "Eles fizeram o melhor que podiam"; "eles tiveram uma infância difícil também". Mas essas crenças comuns muitas vezes desmoronam bem rápido quando o paciente dá esta resposta veemente: "Não, *não* estaria tudo bem se meu filho crescesse em meu lugar na casa onde nasci".

A pessoa muitas vezes se surpreende quando vê a resposta dela acompanhada de lágrimas escorrendo pelo rosto. Quando isso acontece, paramos, nos inclinamos para a frente e dizemos enfaticamente: "Este é o desejo do Pai: essas emoções surpreendentes; as lágrimas. Esse é o coração do Pai — para *você*".

Essa resposta do paciente revela dois padrões em ação. Um é o padrão que se aplica ao próprio paciente; o outro é o padrão que ele usa para os outros. Esses padrões duplos nunca estão de acordo com o coração do Pai.

Nós nos esforçamos para criar bem nossos próprios filhos; contudo, podemos continuar a educá-los da mesma maneira como fomos educados, duramente e com críticas. Mas e se Deus lhe dissesse agora "meu filho, pedi aos seus pais que lhe dessem mais do que você recebeu", e aí?

Você poderia inventar desculpas para inocentar seus pais quando o próprio Deus diz que você precisava de mais tempo de qualidade com seu pai, em vez de ver a parte de trás do jornal que ele estava lendo ou seu pai sentado em frente ao computador? Que você precisava de abraços na hora de dormir e palavras do tipo "você é especial, e nós temos orgulho de você"?

E se houve algumas coisas que você nunca deveria ter recebido de seus pais, como um tapa no rosto, vergões nas nádegas ou palavras vergonhosas do tipo "você nunca será nada na vida" ou "que vergonha de você"?

Ao longo dos anos, ouvimos muitas histórias dolorosas de palavras que feriram o coração frágil de uma criança:

"Você não vale o que come."
"Eu nunca quis um 'racho' entre as pernas (uma garota)."
"Nós só adotamos você porque ninguém mais o queria."
"Seu pai o queria quando você nasceu, mas, quando você tinha dois anos, ele ficou desapontado por ter tido você."
"Entendeu ou vai ser na cinta?"
"Você é uma decepção e vai para o inferno."
"Você não é melhor do que um vira-lata de rua."
"Você está parecendo uma prostituta."

E o que dizer destas palavras, depois de uma fantástica jogada no basquete, no último segundo, ditas por seu pai depois do jogo: "Você quase errou. Aquela foi a única jogada boa que você fez durante o jogo inteiro"?

As mentiras do solilóquio de críticas acompanham as flechas de tais palavras. Mas não são apenas as palavras faladas que podem perfurar o coração de uma criança. Um olhar crítico, um gesto severo ou simplesmente ser ignorado podem ensinar a uma criança que ela é incompetente, não é amada, não é desejada, não tem valor nem importância.

Crescer sob a autoridade de pais sem amor coloca-nos em uma desvantagem distinta quando entregamos nossa vida a Deus. Queremos que eles nos amem, mas nos julgamos carentes, patéticos e desqualificados para tal. Ainda assim, o Pai pede que amemos o que ele ama. Se odiarmos o que Deus ama e estima de modo absoluto, continuaremos a lutar para encontrar o que está em seu coração.

O coração de Deus e os sentimentos que dele brotam são fundamentais para *conhecê-lo*!

ORAÇÃO

Senhor Jesus, desejo viver de forma plena com os frutos do Espírito — amor, alegria e paz — agindo em minha vida. Sei que há coisas que estão me afetando e me impedindo de viver completamente nessa posição. Estou disposto a recuar para avançar, e te convido a me mostrares tudo o que for necessário que eu veja e trate para que ocorra a cura.

Só posso saber dessas coisas se tu as revelares, e eu sei que revelas o que planejas curar. Obrigado por me amares o suficiente para me trazeres de volta à casa onde cresci, para que eu possa de fato descansar na casa que preparaste para mim: teu coração. Em teu nome eu oro, amém.

QUESTÕES PARA REFLEXÃO

1. Como você descreveria o lugar onde está neste momento em sua jornada de cura? Sabe o que o Pai tem no coração para você e para os outros? Pode descansar na casa do Pai, ou seja, no coração dele? Em que sentidos os frutos de sua vida indicam que você pode ter tomado um caminho diferente do que Deus intentou para você no começo? Nesse caso, ele está pedindo para você parar e trazer essas partes de seu coração de volta a ele e permitir que ele o cure e o coloque no caminho correto: o caminho do Pai?
2. Recapitule a seção *Aquilo de que toda criança precisa e o que ela merece*. Até que ponto você diria que seu pai supriu cada uma das necessidades descritas na lista? E sua mãe? Considere seus problemas emocionais enquanto reflete nesta pergunta: Como você acha que a maneira como seus pais supriram ou deixaram de suprir suas necessidades, quando você era criança, afetou sua vida? As palavras a seguir podem ajudá-lo a identificar alguns de seus sentimentos: *sozinho, péssimo, culpado, indefeso, sem esperança, inadequado, inferior, inseguro, insignificante, rejeitado, condenador de mim mesmo, idiota, não aceito, sem importância, sem valor*.
3. Considere estes conselhos sábios: *Você não pode curar o que não sente. Sinta para que isso seja curado. Sofra para poder se libertar disso. O que Deus revela, ele planeja curar*. Como você vivencia essas palavras em sua vida?
4. Quando você se lembra de sua infância, que ações abusivas lhe fizeram mal? Que feridas você sofreu por causa da *ausência* de ações amorosas?
5. Recapitule a seção *Quando o filho é quem está no papel de pai ou de mãe*. Isso se aplica a você? Como?
6. *Exercício do espelho*. De frente para o espelho, olhe bem dentro de seus olhos e faça as afirmações abaixo relacionadas. São verdades que estão de acordo com o modo como Deus, nosso Pai, se sente em relação a você; verdades que fazem o Pai sorrir. Declarar essas verdades parecerá estranho no começo, mas repita este exercício diariamente até você acreditar nelas.

    Eu amo você, _____ (seu nome).
    Fui feito(a) de modo especial e admirável.

O MANDAMENTO ESQUECIDO: AME A SI MESMO

Eu sou um tesouro precioso para Deus.
Eu sou uma pessoa que Jesus ama muito.
Eu sou a menina dos olhos de Deus, e ele comemora o dia em que nasci.
Eu estava na mente de Deus desde o começo dos tempos.
Ele me chama pelo nome: _____ , e diz: "Você é meu(minha)".
Não há nada que eu possa fazer para fazê-lo me amar mais.
Não há nada que eu possa fazer para fazê-lo me amar menos.
Eu sou especial.
Eu sou filho(a) do Rei.
Eu sou um tesouro e uma alegria.
Deus me ama e eu me amo.

7. Leia em voz alta a oração que encerra esse capítulo. Acrescente a ela suas próprias esperanças e seus desejos para esta jornada de cura.

CAPÍTULO 6

BASES DA FUNDAÇÃO: CONFIANÇA E IDENTIDADE

Uma parte de você foi deixada para trás logo nos primeiros anos de vida: a parte que nunca se sentiu de todo recebida. Você quer ser inteiro. Então, tem de trazer para casa aquela sua parte que ficou para trás. Quando você se tornar amigo de seu verdadeiro eu e descobrir que ele é bom e belo, verá ali Jesus. Onde você for mais humano, mais você mesmo, mais fraco, ali estará Jesus. Trazer seu medo para casa é levar Jesus para casa.
—Henri Nouwen

A primeira base fundamental: confiança

Você sabia que a primeira e mais fundamental base de toda a sua vida é a confiança? E que essa confiança se forma nos primeiros nove meses após seu nascimento? E que todas as outras bases como independência, identidade, segurança e iniciativa estão alicerçadas na confiança?

Você sabia que a confiança é a base de todos os relacionamentos, portanto uma quebra de confiança no primeiro ano de vida causa uma ruptura que perdura por toda a vida? Você sabia que, quando ocorre essa quebra de confiança, a maior perda é não conseguir manter o coração aberto para o amor, seja o amor por Deus, por si mesmo ou pelos outros?

A confiança básica está no centro da autoconfiança e da liberdade em relação ao que os outros pensam. Confiar em quem você é como um ser humano valorizado o impede de ser manipulado e controlado com facilidade por outras pessoas; desse modo, você não perde de vista quem você é nem se torna uma pessoa insignificante. Uma base sólida de confiança lhe oferece a liberdade para confiar seu coração aos outros e a Deus.

Se você crescer com uma rachadura nesse alicerce fundamental no primeiro ano de vida, terá de lidar com frequência com o medo e a ansiedade; com a necessidade de realizar coisas ou de agradar às pessoas para ter amor e aceitação; com a atitude de ser complacente ou dominante e controlador em excesso, ou com a dificuldade de adaptar-se a mudanças.

Para chegarmos ao *xis* desses problemas e à dor fundamental que os envolve, muitas vezes fazemos várias perguntas aos nossos pacientes:

- Há quanto tempo você sente essa ansiedade perto dos outros ou até quando está sozinho?
- Há quanto tempo sente que algo está errado com você?
- Há quanto tempo se sente responsável por tudo e por todos?
- Há quanto tempo se sente um peso, um erro, enganado, desconhecido por quem você é de verdade?
- Há quanto tempo você sente que é uma pessoa insignificante?

Quando a resposta é "desde que eu me conheço por gente", sabemos que o coração foi lesado logo nos primeiros anos de vida — mesmo antes de as memórias se formarem, o que acontece antes dos três anos de idade.

Ao observar sua criança interior, lembre-se de que crianças não são apenas adultos de baixa estatura. São crianças. São pequenas. Elas não pensam como você pensa já sendo um adulto. São imaturas; não têm estudo nem experiência. Uma criança não tem como entender que, quando um pai ou uma mãe lhe nega amor ou *afirmação*, afeto ou senso de pertencimento, ou quando um cuidador abusa dela de forma verbal, emocional, física ou sexual, esse comportamento reflete algo que, lamentavelmente, está faltando naquele adulto, não alguma falha irremediável nela.

Você entende isso? A culpa não foi sua.

Foram seus pais que erraram o alvo, e não você.

E você sempre pensou que havia algo errado com você.

Com pacientes que, por exemplo, foram violentados sexualmente por um membro da família, muitas vezes achamos útil que eles pensem em uma criança que sabem ter a mesma idade que eles tinham quando o abuso ocorreu. A criança pode ser uma sobrinha ou sobrinho. Pode ser o próprio filho ou filha, o neto ou neta, o filho do vizinho ou alguém que viram na igreja ou no supermercado mais cedo. O objetivo do exercício é ajudar o paciente a ver até que ponto aquela criança é uma *criança*.

Você chegaria a questionar o fato de que Deus pede ao adulto para criar o bebê, a criança, o adolescente e o jovem vulnerável, impressionável, ingênuo e dependente? Você deveria ser uma criança em fase de crescimento — *não* um adulto responsável desde o início.

Como terapeutas, ficamos impressionados quando vemos o Pai curar todas as partes feridas em pessoas de todas as idades. Uma vez que Deus era, é e há de vir, ele pode voltar no tempo de um modo que não podemos. O tempo não o limita; ele pode estar no passado, no presente e no futuro ao mesmo tempo.

Precisamos dedicar tempo para convidar Deus a voltar para a nossa criança interior (nosso eu verdadeiro e íntimo), a fim de curar os locais destruídos — uma vez que, em Jesus, Deus veio curar os de coração partido e libertar os cativos (Lc 4.18). E quando Deus cura um coração partido, uma vida é transformada de dentro para fora.

Minha experiência com o cachorrinho

Era uma manhã quente de sábado no lugar onde vivíamos, ao sul de Houston, e eu (Jerry) estava indo à nossa garagem para me preparar para cortar a grama. Nossa garagem era separada da casa, e eu já havia saído e aberto o portão alguns minutos antes. Quando entrei na garagem nesse momento, ouvi um gemido vindo de debaixo de um de nossos carros.

Ao agachar-me para dar uma olhada, vi um cachorrinho indo para a frente do carro. Ele estava assustado, visivelmente trêmulo e até urinando de medo. Quando tentei me aproximar, ele recuou. Eu precisava tirar o carro da garagem, mas não queria correr o risco de machucá-lo — embora, na verdade, estivesse mais preocupado em aliviar parte de seu medo.

Peguei um pequeno prato, enchi-o de água e coloquei-o próximo ao cão. Uma vez que o animal não me deixava chegar perto, coloquei a água o mais perto possível dele e comecei a falar baixinho, incentivando-o com o tom de minha voz a acreditar que ele estava em um lugar seguro. Ele já não precisava ter medo.

Após cerca de 20 minutos desse incentivo silencioso, aquele filhote teve coragem suficiente para chegar ao prato e tomar um pouco de água. Seu medo pareceu diminuir, e ele saiu com cautela de debaixo do carro e me deixou acariciá-lo. Alguns minutos depois, ele começou a me seguir de um lado para o outro no passeio entre a garagem e a casa, ficando perto de meus pés. Logo depois, ainda junto aos meus pés, ele começou a saltar como um cachorrinho totalmente diferente do que eu havia visto 30 minutos antes.

Fiquei surpreso. Mas o que aconteceu em seguida foi ainda mais surpreendente para mim. Um cachorro grande entrou em nosso quintal, e aquele filhote cheio de energia, com um quarto do tamanho do intruso, começou a expulsá-lo de perto de mim e de nosso quintal!

Em meia hora, o cachorrinho passou do medo que o paralisava para a posição de guerreiro e protetor — tudo isso graças a algumas palavras reconfortantes e um pouco de água fria.

Parei e comecei a chorar porque senti o poder de Deus sobre mim. O Espírito de Deus estava me dizendo que o que eu havia acabado de testemunhar era uma analogia do amor do Pai por seus filhos. Eu estava chorando porque, de uma maneira clara, o Pai dramatizou seu amor por mim.

Percebi que, em muitos sentidos, eu era aquele cachorrinho, com medo de sair do abrigo. Eu tinha medo de como meu Pai celestial me veria se me visse por inteiro, sobretudo meu pecado e minha vergonha.

Eu podia confiar nele? Minha mente conhecia seu amor e sua bondade por meio das Escrituras, mas a revelação não estava gravada em meu coração. Sair do abrigo e ir para a luz de sua presença exigia um grande risco de minha parte — o risco de me machucar, ou pior ainda, o risco de não ter a aprovação do Pai, de que eu talvez não fosse aceitável para ele. Por meio dessa "experiência com o cachorrinho", vi que o Pai não apenas deseja que saiamos do abrigo, mas também está tentando trazer-nos para junto de si mesmo.

Por que tantas vezes nos escondemos com medo, em vez de sairmos e corrermos em direção ao Pai? Existem muitas razões, e a maioria provém de feridas antigas e às vezes repetidas em nosso espírito, causadas por pessoas importantes em nossa vida.

Depois de meu encontro com o cachorrinho, comentei sobre ele com um vizinho. Este disse que naquela manhã, mais cedo, havia visto o mesmo cachorro sendo espancado com uma vassoura pelo dono, algumas casas à frente da nossa. Isso se encaixou como mais uma peça do quebra-cabeça para mim. A confiança havia se rompido — um problema que vemos com muita frequência em nossas sessões.

Quando não confiamos, desenvolvemos maneiras alternativas de nos relacionarmos uns com os outros e, sobretudo, com o Pai. Guardamos uma parte de nosso coração e somos incapazes de dar e receber plenamente da maneira que Deus intentou. A cura é sentir o amor do Pai por nós e saber que esse amor é real e pessoal.

Outra base fundamental: identidade

Outro estágio profundo de desenvolvimento nas crianças ocorre entre os dois e quatro anos de idade. Nessa fase, tomamos uma das decisões mais impactantes de toda a nossa vida. É uma escolha interior. Em termos simples, é:

"Eu sou quem sou e estou bem assim."
ou:
"Eu sou quem sou e não estou bem assim."

Que decisão você tomou? Você não precisa ir muito longe para saber qual foi. Muitas vezes, uma rápida olhada em seu solilóquio interior lhe dá as pistas necessárias.

Se a resposta foi a "eu sou quem sou e estou bem assim", então tenho a liberdade de ser diferente de você. Tenho a coragem de dizer não. Posso estar separado dos outros e, ainda assim, sentir-me seguro. Sei que sou a menina dos olhos de Deus. Eu sou quem sou, e sou especial.

Por outro lado, se a resposta foi a "eu sou quem sou e *não* estou bem assim", então aprenderei a apresentar um falso eu e a fingir ser quem penso que você deseja que eu seja. Não posso dizer *não*, porque não quero ofendê-lo nem correr o risco de ser rejeitado por você. Estou certo de que, se você visse quem eu sou de verdade, não gostaria de mim — porque, lá no fundo, eu também não gosto.

Vamos inserir aqui uma carta que um paciente escreveu para sua criança interior, de quatro anos. Ela exemplifica de modo mais pessoal o que compartilhamos sobre confiança e identidade.

Querido menino,

Sinto que você foi muito bem tratado fisicamente, mas é provável que não tenha tido o lado emocional de suas necessidades suprido. Quando era bebê, você chorava para ir para o colo e ser alimentado, mas, em vez disso, era apenas mal compreendido? Quando era criança, você queria expressar suas emoções, mas, em vez disso, era rejeitado ou levado a acreditar que elas não eram importantes em sua família? Você sentia a necessidade de chorar, mas não sentia a liberdade para fazer isso? Você queria que seu pai o abraçasse, o aceitasse e brincasse com você — mas, em vez disso, via que ele passava por você e não o notava —, ou talvez você nem pudesse contar com ele para nada? Você procurava sua mãe só para ser abraçado e acariciado, mas, por fim, ela o recebia com frieza — nunca sendo capaz de suprir aquelas necessidades desesperadas que você tinha de ser tocado?

Lembro-me de todas as vezes em que você se deitou na cama, agarrado ao seu ursinho de pelúcia, Grizzle [Cinzento], chorando porque, fora o ursinho, ninguém o amava. Quem me dera poder estar lá para abraçá-lo, apenas porque eu não queria que você pegasse no sono sem ter parado de chorar, queria que você brincasse, risse e apenas fosse você mesmo. Eu teria deixado que você desse vazão aos sentimentos que tinha em seu coração, mas que nunca teve permissão para expressar em sua própria casa. Eu o vejo brincando sozinho de novo, e meu coração dói. Quem me dera poder estar lá para ver exatamente o que você via e sentir o mesmo que sentia. Quem me dera poder tê-lo ajudado a entender e a ser capaz de compartilhar seus sentimentos e necessidades.

Eu gostaria muito de conhecê-lo melhor e permitir que nossos dois corações voltassem a viver. Conheci Alguém que deseja ser um Pai para nós melhor do que qualquer outro jamais poderia ser. Sei que é difícil de acreditar, mas estou começando a entender que ele nos ama de um modo realmente especial. Você sabia que ele nos considera os seus favoritos? Eu quero que você segure minha mão e venha comigo. Deixemos que o amor do Pai seja derramado sobre nós e nos cure. Então, ele nos mostrará o que de fato está em nosso coração e para o que ele realmente nos criou.

Você vem comigo? Vejo seus olhos azuis olhando para mim e vejo a esperança em seu sorriso. Bem, então, o que estamos esperando? Vamos!

O "menino" adulto

Meus medos quando eu era criança

Quando tinha seis anos, eu (Denise) tinha muito medo do abandono, da separação e de perder um ente querido, sobretudo minha mãe. Tentava manter meu mundinho sob controle e ficava em estado de alerta em relação a tudo o que se passava ao meu redor — sempre querendo ter certeza de que tudo e todos estavam bem. A oração que eu fazia no íntimo era para que meus familiares "apenas amassem uns aos outros", e lembro-me de orar com frequência para que nada de ruim acontecesse.

Não sei se alguém de minha família sabe disso, mas, quando minha mãe tirava uma soneca à tarde (ela trabalhava no turno da meia-noite), eu ficava de olho para ter certeza de que ela estava respirando. Quando não tinha certeza, eu corria, pegava um espelho e o colocava embaixo de seu nariz para ver se a respiração embaçava o vidro. Isso era muito ruim. Que menina assustada!

Ao assumir a responsabilidade pelos sentimentos e pela felicidade de outras pessoas logo nos primeiros anos de minha vida, amadureci mais rápido do que deveria e comecei a cuidar e a carregar o fardo dos outros quando me tornei adulta. Eu pensava que era bom para mim ser madura e responsável em minha tenra idade, mas não fui criança por tempo suficiente para saber vir como uma criança ao Pai, mais tarde. Eu tinha de encontrar a menina perdida dentro de mim para que meu *eu adulto* fosse curado e se transformasse na identidade original e verdadeira que meu Pai tinha para mim como filha. Uma vez recuperada essa identidade, experimentei uma gama muito maior de emoções. Hoje sinto emoção e alegria de modo mais profundo. Compartilho meus sentimentos em relação aos outros com mais liberdade e tenho mais consciência da dor, da tristeza e do pesar.

Henri Nouwen fala sobre sua própria devastação:

> Minha própria dor na vida me ensinou que o primeiro passo para a cura não é um passo para longe da dor, mas um passo em direção a ela . . . Precisamos ter coragem de superar nosso medo e nos familiarizar com ele. Sim, precisamos encontrar a coragem para aceitar nossa própria devastação, transformar nosso inimigo mais temido em amigo e considerá-lo um companheiro íntimo. Estou convencido de que a cura é muitas vezes tão difícil porque não queremos reconhecer a dor. Embora se aplique a toda dor, isso se aplica especialmente à dor que vem de um coração partido. A angústia e a agonia que resultam da rejeição, da separação, da negligência, do abuso e da manipulação emocional servem apenas para nos paralisar quando não podemos enfrentá-las e fazer com que continuemos a fugir delas . . .
>
> Minha própria experiência com a angústia é que enfrentá-la e superá-la é o caminho para a cura . . . Aceitá-la e trazê-la à luz Daquele que nos chama de *amados* pode fazer com que nossa devastação brilhe como um diamante.[22]

O processo de cura é um trabalho árduo. É uma montanha-russa. Há dias em que desistimos e dias em que voltamos à luta. Há dias em que podemos ver com tanta clareza: "Estou entendendo!", seguidos por dias de negação. Há lágrimas, raiva, tristeza, entorpecimento e luta com Deus. Há confusão — muita confusão.

O Inimigo guerreará contra o seu coração, pois ele está plenamente ciente de que o seu coração, vivo para Deus e vivo para amar, destruirá o direito que ele tem sobre você. O Inimigo nunca mais conseguirá dominá-lo da mesma maneira. Jesus disse sobre Satanás: "Ele não tem nenhum direito sobre mim" (Jo 14.30). O Inimigo não encontrou nada em Jesus que pudesse usar para dominá-lo — nenhuma vergonha, culpa, amargura, ressentimento, dúvida, rejeição ou medo. É nesse sentido que a jornada de cura está levando você, para que você também possa ser livre.

Mais boas novas sobre nosso coração

Alguns anos atrás, o Senhor mostrou a mim (Denise) uma imagem de meu coração, e havia nele grandes rachaduras. Na visão, Jesus estava com vestes brancas ao lado de meu coração e tinha uma paleta de argamassa em uma das mãos e uma espátula na outra. Ele pegava a argamassa e, com ela, fechava todas as grandes rachaduras em meu coração.

Então, ele me mostrou alguns pedaços de meu coração que estavam quebrados no chão, muito estilhaçados para serem reparados. Eu precisava de partes novas. O Senhor aplicou grande quantidade de argamassa nessas áreas e criou um coração totalmente novo.

Eu disse: "Senhor, isso é ótimo, mas o cimento, por fim, endurece, e eu não quero um coração duro!" Ele não disse nada, mas pegou um isqueiro, acendeu-o e pôs fogo em meu coração. O fogo não significava que eu estava "bem-acabada" (trocadilho intencional) com minha cura, mas que o fogo do amor de Deus por mim, bem ali *comigo*, continuaria a aquecer, confortar, iluminar e purificar meu coração na jornada de cura.

Agora pare e pergunte: "Jesus, tu farias o mesmo por mim? Curarias meu coração partido? Consertarias todos os lugares destruídos dentro de mim? Removerias toda a vergonha, toda a culpa, todo o medo e toda a encenação? Trocarias meu coração pelo teu e me deixarias totalmente vivo de novo — ou mesmo vivo pela primeira vez?"

John Eldredge, em seu livro *Coração selvagem*, encoraja-nos com a esperança de que Jesus vem para curar nosso coração:

> Quando a Bíblia nos diz que Cristo veio para "redimir a humanidade", ela oferece muito mais do que perdão... A essência da missão de Cristo é predita em Isaías 61:
>
>> O Espírito do Soberano, o Senhor, está sobre mim, porque o Senhor ungiu-me para levar boas notícias aos pobres. Enviou-me para cuidar dos que estão com o coração quebrantado, anunciar liberdade aos cativos e libertação das trevas aos prisioneiros (v. 1).

O Messias virá, diz ele, para tratar e curar, soltar e libertar. O quê? *Seu coração*. Cristo veio para restaurar e libertar você, sua alma, seu verdadeiro eu. Essa é *a* passagem central sobre Jesus em toda a Bíblia, a que ele escolhe citar sobre si mesmo quando se coloca em evidência em Lucas 4 e anuncia sua chegada. Portanto, acredite no que ele diz — e peça-lhe para curar todos os lugares destruídos dentro de você e uni-los em um coração inteiro e curado. Peça-lhe para libertá-lo de toda a escravidão e cativeiro, como ele prometeu ... Mas você não pode fazer isso à distância; não pode pedir a Cristo que cure sua ferida enquanto você permanece longe dela. Você tem de ir até ela com ele.[23]

Restituindo os anos

Eu (Denise) tive uma revelação pessoal sobre o texto das Escrituras no qual Deus diz: "Vou compensá-los pelos anos de colheitas que os gafanhotos destruíram" (Jl 2.25). No versículo 25, ainda é dito: "O gafanhoto peregrino, o gafanhoto devastador, o gafanhoto devorador e o gafanhoto cortador". (Isso me faz querer parar e chamar meu dedetizador.) Foram muitos gafanhotos devorando muitos anos!

Muitos de nossos pacientes se identificam com essas afirmações: "Eu perdi muito tempo e muita energia, alguns dos melhores anos da minha vida" e "eu fiz tanta besteira que perdi o melhor de Deus para mim".

Quando um paciente tem 40, 50 ou 70 anos, pode parecer impossível recuperar cada ano perdido. Mas acredito que Deus veja isso por outra perspectiva. Quando ele restaurar nosso verdadeiro eu, nosso eu que ele criou, e redimir todas as partes de nós que negamos ou até odiamos; quando pudermos ser livres, inocentes, vulneráveis e confiantes como uma criança; quando pudermos correr até o trono da graça e sentar-nos no colo de Deus Pai, *então* todos os anos que os gafanhotos comeram serão de fato restituídos.

Não são os anos do calendário que nos são devolvidos. Deus é quem volta à nossa vida e reivindica cada parte de nós que foi destruída, machucada, abandonada e negligenciada. Nosso coração já não está mais dividido ou fragmentado, mas em perfeita união com o de Deus. Cada parte de nós agora pode começar a amar o que ele ama.

Bases da fundação: confiança e identidade

Quem está dirigindo seu carro?

Quando ficava bravo, o pai de Trudy gritava e dava murros na parede ou no cachorro. Às vezes ele também batia no irmão dela. Quando Trudy se metia em confusão, o pai lhe dava um longo sermão, uma surra e depois outro longo sermão. (Quando falamos *longo* aqui, estamos falando de mais ou menos uma hora.)

Por causa do exemplo do papel de pai que o pai lhe dava quando ela era menina, Trudy evitava o tempo com Deus quando adulta. Ela explicou: "Se eu sei que Deus está na sala comigo, não quero me sentar com ele. Fico como uma adolescente nervosa, andando de um lado para o outro, porque sei que Deus vai me dar um sermão, como meu pai fazia. Tenho medo do que ele vai dizer. Fico assustada porque talvez eu tenha estragado tudo. Não sei como, mas sempre estrago tudo. Eu nunca sei bem o que fiz. Mas, como meu pai, Deus fará questão que eu descubra". As emoções e reações assustadas da Trudy adulta são de fato as mesmas expressas pela criança dentro dela.

Gostamos de fazer estas perguntas aos nossos pacientes:

Quantos anos tem a criança que está dirigindo seu carro emocional?
Ela tem idade suficiente para ter uma carteira de motorista?

Patrícia se lembra do pai voltando da guerra quando ela estava com quatro anos de idade. Patrícia subiu no colo do pai, mas não conseguiu morrer de amores por ele. Ela estava muito feliz pelo pai ter voltado para casa. Então, algo traumático aconteceu: ele tirou os braços dela, que estavam em volta de seu pescoço, e colocou-a no chão, longe dele. A pequena Pati foi embora com lágrimas escorrendo pelo rosto, e ninguém percebeu.

Vamos parar aqui, interrompendo a história de Pati, para fazer uma pergunta que já fizemos antes. O que o Pai estava *sentindo* quando isso aconteceu com Pati? Devastação? Dor? Ira? Tristeza? Todos esses sentimentos juntos?

Eu sei que senti um aperto no coração. Deus também sentiu?

Sem Pati perceber, seu coração ergueu um muro para que ela nunca mais fosse machucada — um muro que agora dificulta sua intimidade com seu novo marido e também com Deus.

Então, fazemos as perguntas: *Quantos anos tem a criança que está dirigindo o carro emocional da Patrícia adulta? Ela tem idade suficiente para ter uma carteira de motorista?*

Após compartilhar a lembrança citada, Patrícia compartilhou o choro mais profundo de seu coração: "Acho que, se eu fosse resumir tudo, o que mais quero é me sentir apreciada. Porque, quando você é apreciada, é amada, valorizada e protegida. É isso que quero para mim e para aquela menina de quatro anos — aquela pequena Pati que vive dentro de mim".

Podemos olhar nos olhos de Pati e dizer que é isso que Deus Pai também deseja para ela. Ele veio para curar seu coração partido.

Bob cresceu em uma família muito legalista. Na igreja, se ele se mexesse, o pai lhe dava um tapa na cabeça. No começo, Bob aprendeu a se conformar, a ser perfeito, a nunca demonstrar raiva, a ser bonzinho, quieto e educado. Ele nos contou que era conhecido como uma pessoa calma e que, em sua lápide, haveria a inscrição: *Ele foi um bom rapaz*. Só isso. Nem mesmo seu nome estaria ali.

Bob disse: "Meu pai destruiu meu espírito. Deixei de ser quem eu era de verdade e aprendi a ser quem ele queria que eu fosse. Assim eu podia parecer bem e manter a paz".

Mas o Pai mostrou a Bob quem ele de fato era no reino espiritual: um *guerreiro*. O verdadeiro eu que o Pai teceu nesse menino tinha um coração como o de Davi, cheio de paixão e desejo ardentes. Em contrapartida, o Inimigo semeou na alma de Bob sementes de submissão, passividade, resignação, medo de fracassar, vergonha e a sensação de que ele nunca seria bom o suficiente. O destino de Bob era viver plenamente com sua identidade de guerreiro, mas, em vez disso, ele aprendeu a matar seus sentimentos para que pudesse sobreviver.

Qual a idade da criança que está dirigindo o carro emocional do Bob adulto? Ela tem idade suficiente para ter uma carteira de motorista?

Sandy cresceu em uma casa onde os pais eram viciados em álcool. Ela se descreve como alguém que não passava de uma perdida na rua — uma órfã. Sandy se lembra de que era tratada como uma adulta e de ter se tornado responsável pelos pais desde pequena. Quando estava no jardim de infância, era ela que trancava a casa à noite, porque os pais estavam desmaiados, bêbados.

Hoje, Sandy acredita que Deus a vê, mas não se importa com ela. Tudo o que ela quer na vida é *alguém para cuidar dela*.

Qual a idade da criança que está dirigindo o carro emocional da Sandy adulta? Ela tem idade suficiente para ter uma carteira de motorista?

Recuperando seu *verdadeiro eu* como o de uma criança

Muitas vezes pedimos aos nossos pacientes que escrevam uma carta para sua criança interior, compartilhando o que acreditam que ela precisava ouvir no passado e o que precisa ouvir agora.

Você, como adulto, pode desempenhar um papel importante no sentido de levar amor e segurança a essas partes verdadeiras e mais jovens de si mesmo. De certa forma, você pode voltar a ser um pai ou uma mãe para si mesmo ao ser bom para si, acreditar em si e estender a graça a si mesmo, assim como faz o Pai.

"Eu devo escrever uma carta para minha criança interior? Eu escrevendo para mim mesmo soa um pouco estranho e desconfortável."

Pare e pense: quando foi a última vez que você conversou consigo mesmo? Quando se esqueceu de ligar para sua mãe no aniversário dela? Quando gritou com seus filhos por um problema que era uma questão sua? Quando se olhou no espelho e não gostou do que viu? Quando pediu ajuda a Deus para tomar uma decisão, e ele não lhe respondeu?

Quando essas coisas acontecem, seu solilóquio interior (que chamamos de "comitê da vergonha") pode parecer algo assim:

"Que idiota eu sou!"

"Eu não acredito que vou me atrasar."

"Que desastrado!"

"Eu sou tão burro!"

"Eu sou uma péssima mãe!"

"Eu não suporto o meu corte de cabelo!"

"Eu sou feio pra cacete!"

"Deus está aí para os outros, mas não para mim."

"Talvez eu precise ler mais a Bíblia, orar mais e servir mais."

Como sugere a placa da igreja na rua: *Acerte-se com Deus ou fique para trás.* O nosso favorito na jornada de culpa, na qual a pessoa se martiriza, é: *Se Deus parece distante, adivinhe quem se mexeu? Seu idiota!*

A questão é que você tem conversas dentro de sua mente o tempo todo. Uma vez que se dê conta disso, escrever uma carta para sua criança interior vulnerável talvez não lhe pareça tão difícil ou estranho. No entanto, há uma condição: *o que você escrever deve estar de acordo com o que Deus diria a seu respeito.*

Aqui estão algumas cartas que nossos pacientes compartilharam, começando com esta que foi escrita para uma menina perdida.

Minha pequena,

você gostaria de voltar para casa? Gostaria de ter a casa que desejou tanto, mas não teve? Eu quero criar um lugar diferente para você onde ninguém a mande mais para a rua nem a faça se perder à sombra dos outros. Eu preciso que você seja completa.

Quero ouvir todas as suas aventuras e ver como você é. Sei que perdi muito por não a reconhecer bem. As pessoas me dizem o tempo todo que não sei me divertir — que sou muito séria. Perdi aquela faísca interior há muito tempo, e ela era você! Então, preciso de você. Não é bom ouvir isso depois de todos esses anos? Alguém de fato precisa de VOCÊ para se sentir plena e completa.

Amo você,

Eu

Uma carta a um garoto de oito anos que foi abusado sexualmente por uma vizinha adolescente:

Querido menino,

estou escrevendo esta carta para você porque quero me conectar com você e torná-lo parte da minha vida de novo. Sinto muito pelo ódio e nojo que sempre senti de você. Eu o tranquei completamente e nunca mais quis vê-lo. Sinto muito por tê-lo rejeitado. Por tantos anos eu o culpei pelo que aconteceu. Eu queria que você tivesse dito *não*, falado alto ou feito alguma coisa. Sei agora que a culpa nunca foi sua e que você foi a vítima. Eu só percebi como eu odiava você e que não queria nenhum contato com você há pouco tempo.

Sinto muito por tê-lo rejeitado por tantos anos. Quero conhecê-lo melhor e curar meu relacionamento com você. Estou começando a perceber quem você de fato era no fundo de seu coração, e sinto muito por você nunca ter sido capaz de ser quem era de verdade. Espero que você me perdoe, que, juntos, possamos permitir que o Pai nos cure e que possamos descobrir juntos o que realmente se passa no fundo de nosso coração e o que o Pai nos criou para ser.

Quem me dera poder estar lá para abraçá-lo e deixá-lo chorar e liberar a dor que você sentia no íntimo. Quero que saiba que você é especial e tem o que é necessário. Sua mãe e seu pai deveriam ter prestado atenção a você. Não foi culpa sua. A questão era que tudo tinha a ver com os problemas deles, e não que havia algo errado ou defeituoso em você.

Sinto muito por nunca o ter amado, mas eu o amo agora e o convido a ser meu amigo pelo simples motivo de eu achar que você é especial, não por causa do que faz ou das habilidades que tem. Por favor, fique à vontade para relaxar e simplesmente ser você!

Uma carta a um menino indesejado e que sofreu abuso:

Olá, menino — eu só quero me conectar com você. Eu sei que nunca quis isso até hoje. Só agora estou vendo que ninguém o amou de verdade e que você realmente não sentia que aquele era o seu lugar. Você não era especial aos olhos de ninguém. De fato, nunca teve importância o que lhe acontecia dia após dia. Sua voz e sua opinião nunca importaram. Lembro-me de sua formatura no Ensino Médio e de que ninguém apareceu para lhe dar apoio. Quanto à sua casa, não era um ambiente seguro. Você sempre andava com medo por causa das surras, das ameaças e da violência.

Hoje, pela primeira vez em muito tempo, entendo como você se sentiu — que você nunca foi respeitado —, que nunca foi amado. Isso deve ter sido muito doloroso para um menino — mesmo durante todos esses últimos anos em que você ainda queria se esconder — tal como antes.

Lembro-me de quando seu pai chegava em casa e era melhor não ser visto ou ouvido! Ah . . . e eu quase me esqueci de como você deve ter se sentido à mesa do jantar — o medo constante da próxima surra — e de como você deve ter se sentido ao ir para seu quarto e chorar, dizendo: "Por que eu? Por que não posso ter uma família normal?"

Menino, eu só quero que você saiba que hoje quero me conectar com você e dizer que a culpa não foi sua — você estava apenas tentando sobreviver. Você é digno de ser amado e pertence a um pai incrível: Deus Pai. Ele estava ao seu lado quando você estava passando por aqueles momentos difíceis, chorou com você e permitiu que você usasse esses mecanismos de defesa para que pudesse superar as coisas ruins. Mas agora as coisas serão diferentes — agora você e eu vamos confiar no Pai.

Eu amo aquele menino — VOCÊ — de forma incondicional. Quero que você fique à vontade para compartilhar qualquer lembrança do passado, e eu estarei ao seu lado para ouvir e entender.

Nós vamos conseguir!

Uma carta de acompanhamento de Caroline sobre sua identidade:

Queridos Jerry e Denise,

após minha última sessão, tenho uma nova força interior para reconhecer e admitir meus pensamentos e sentimentos. Posso até reconhecer minha existência sem qualquer culpa ou condenação. Também pareço ser capaz de aceitar minha singularidade e não preciso ser tão dura comigo mesma. Nunca consegui distinguir os problemas das outras pessoas dos meus próprios problemas e não encarar isso como minha culpa ou meu problema. Poder entregar os problemas das outras pessoas a Deus e não os assumir fez minha raiva e meu estresse diminuírem de forma considerável.

Parece que ter meu direito de existir está mudando muitas dinâmicas de relacionamento. Evoco em oração a pessoa que Deus me criou para ser. Estou aprendendo a descobrir as coisas de que gosto, as coisas de que não gosto, meus pensamentos e desejos. Com todas essas revelações surge uma nova responsabilidade pelas minhas más escolhas, bem como o sentimento de já não ser responsável pelas más escolhas dos outros. Estou começando a ser livre para desenvolver minha singularidade sem sentir a responsabilidade de ganhar o direito de existir por resolver os problemas de todos. Tudo isso é novo e é uma luta diária.

Suas orações e conselhos me ajudaram a começar a fazer o que, na minha cabeça, eu sabia fazer, mas não conseguia. Isso criava um ciclo de culpa/condenação para mim que até agora nunca consegui quebrar. Quem me dera ter conhecido vocês quando eu era jovem, em vez de esperar chegar aos meus 60 anos de idade.

Com gratidão,

Caroline

ORAÇÃO

Senhor Jesus, quero viver a partir de um lugar de confiança — confiando em ti e em tua bondade e confiando nos outros que tu dizes serem de confiança. Eu também quero poder confiar em meu próprio coração que tu renovaste mediante minha fé em ti.

Senhor, ajuda-me a ver se a confiança foi quebrada em meus primeiros anos de desenvolvimento. Nesse caso, eu te convido a levares cura a essa parte quebrada em mim.

Jesus, se minha identidade como teu filho foi prejudicada por essas primeiras feridas, cura-me, restaura-me e ajuda-me a descansar em quem me criaste para ser. Peço que me ajudes a amar a criança dentro de mim do modo como tu a amas. Preciso de ti e de todas as partes de mim que tu criaste. Só tu podes operar essa cura e restauração em mim. Nisso, eu, comigo mesmo, escolho confiar em ti. Em teu nome oro, amém.

QUESTÕES PARA REFLEXÃO

1. Comece esse momento lendo a oração citada e fazendo dela a sua oração.
2. As duas primeiras bases fundamentais no desenvolvimento de uma criança são apresentadas neste capítulo: *confiança* e *identidade*. Se a confiança estiver estabelecida, somos capazes de manter nosso coração aberto para o amor. Com a identidade, estabelecemos um senso fundamental de que "eu sou quem sou e estou bem assim". Com relação a você, que *deficits* você pode identificar nessas áreas? Voltando ao início do capítulo, que lutas você experimenta que sugeririam uma ruptura nos estágios de confiança ou de identidade do seu desenvolvimento?
3. Quais exemplos você pode identificar em sua vida adulta nos quais suas emoções ou reações são de fato as de uma criança dentro de você? *Quantos anos tem essa criança que está dirigindo o carro emocional do adulto, e ela tem idade suficiente para ter uma carteira de motorista?*
4. Exercício em que o paciente mentaliza a criança interior:
   - Encontre uma foto sua com a idade mais tenra de que você se lembra (antes dos seis anos é o ideal).
   - Feche os olhos e imagine a casa onde você morava quando tinha essa idade. Escreva uma breve descrição.
   - Agora, imagine-se abrindo a porta da frente dessa casa. O que você vê? Descreva como era a sala principal — depois os outros cômodos.
   - Tente imaginar sua mãe. Onde ela está? O que ela está fazendo?
   - E seu pai. Onde ele está? O que ele está fazendo?
   - Onde estão seus irmãos (se isto for aplicável)? O que eles estão fazendo?
   - Agora imagine seu quarto. Como ele era?
   - Imagine-se sentado na cama em seu quarto. O que você está vestindo? O que está fazendo? Como está se sentindo?
   - Agora olhe com atenção para aquela fotografia por cerca de um minuto. O que você vê? Como se sente nessa idade? Anote os primeiros sentimentos ou pensamentos que lhe vêm à cabeça ao olhar para sua foto. Como você se sente em relação à criança na foto? Como é essa criança?

- Olhe mais uma vez para a foto ou se imagine sentado em sua cama. Complete as seguintes afirmações:
    - Quando me vejo na foto, eu quero _____.
    - Quando me vejo criança na foto, eu quero _____.
    - Essa criança é feliz? Por quê?
    - Você gosta dessa criança? Por quê?
    - Como você se sente em relação à sua criança interior (que ainda faz parte de você) enquanto olha para a foto?
    - Como você acha que o Pai *se sente* em relação a essa criança?
- Imagine-se na foto ou em sua cama e escreva uma pequena carta a essa criança interior, deixando que ela saiba a primeira coisa que vier à sua mente. Agora coloque a caneta na mão OPOSTA e escreva (imprima) uma carta dessa criança a você, já adulto. Escreva as primeiras coisas que lhe vierem à cabeça.

CAPÍTULO 7

ESCUDOS LEVANTADOS: AS MANEIRAS POR MEIO DAS QUAIS NOS PROTEGEMOS

O problema que há quando você se endurece feito aço contra a dureza da realidade é que o mesmo aço que protege sua vida para que você não seja destruído, também protege sua vida para que você não se abra e seja transformado.
—Frederick Buechner

A origem e o poder dos mecanismos de defesa

As crianças vêm a este mundo com necessidades físicas *e* emocionais. Embora as necessidades físicas possam muitas vezes ser supridas, muitas das necessidades emocionais não são. Essas necessidades emocionais não são opcionais, mas essenciais ao desenvolvimento saudável das crianças, à medida que crescem e amadurecem.

E o que acontece quando essas necessidades não são supridas? Como uma criança lida com a dor de sentir-se rejeitada, negligenciada ou emocionalmente abandonada?

Esses sentimentos em uma criança resultam de pais bem-intencionados, mas indisponíveis emocionalmente, bem como de pais e de outras pessoas que são visivelmente abusivas. Quando as crianças não recebem a formação e a afeição necessárias que Deus idealizou para elas, desenvolvem dificuldades para confiar em outros, incluindo Deus, mais tarde.

Em um número cada vez maior de famílias, espera-se que as crianças supram as necessidades dos pais enquanto as próprias necessidades delas não são supridas. E, uma vez que não sabem o que fazer com a grande dor emocional decorrente de necessidades não supridas, elas aprendem a sobreviver desenvolvendo mecanismos de defesa para se protegerem.

Infelizmente, não abandonamos os mecanismos de defesa dos quais precisamos quando éramos crianças. Em vez disso, nós os carregamos para a idade adulta e para nossos relacionamentos. Essas defesas mantêm a dor reprimida do passado, acumulada em nosso íntimo. O que nos ajudou a sobreviver quando éramos crianças — o que foi até provido por Deus a uma criança desamparada — já não funcionará em nosso favor quando somos adultos.

De onde vêm os mecanismos de autoproteção e como eles surgem em nós?

Da perspectiva mais ampla, nossa confiança na autoproteção surgiu quando Eva ouviu a serpente no jardim e comeu, com seu marido (também disposto a comer), da árvore do conhecimento do bem e do mal (Gn 3.6). Ao fazerem isso, eles optaram por confiar na própria razão, e não em Deus. A primeira atitude dos dois após esse engano foi *se protegerem*, costurando folhas de figueira para cobrirem sua nudez e sua vergonha (Gn 3.7).

Em nossa primeira aula de psicologia, aprendemos sobre mecanismos de defesa. Na época, vimos a relevância desses mecanismos de uma perspectiva estritamente psicológica. Mas logo, em nosso ministério de aconselhamento, começamos a ver os mecanismos de defesa de uma perspectiva bem diferente: a espiritual. Para ajudarmos as pessoas a experimentarem a cura de suas feridas emocionais, começamos a discutir os "escudos" que protegiam o coração delas não apenas de serem feridos, mas também de estarem de todo envolvidos e interessados.

As pessoas acreditavam ser necessário confiar em seus próprios meios de proteção do que confiar no amor, na verdade e no poder de Deus para protegê-las. Ao deixarem de confiar em si mesmas e passarem a confiar em Deus, elas se colocaram na posição de descobrir uma cura mais profunda do coração.

Exemplos de mecanismos de defesa

Os mecanismos de defesa a seguir são os que mais identificamos em nossos pacientes. Ao ler cada um deles, pergunte-se se algum se aplica a você. É comum as pessoas identificarem vários.

Negação: um mecanismo de defesa comum por meio do qual, consciente ou inconscientemente, nós nos recusamos a aceitar a realidade de um evento ou situação.

A negação é muitas vezes considerada um ponto cego: é difícil a vermos, a menos que outros a mostrem para nós. Por exemplo, um marido que tem problemas óbvios no casamento diz: "Eu tenho um bom casamento. Está tudo bem". Ele nega a realidade para não ter de lidar com a verdade.

A negação também é uma das características de quem possui vícios:

"Eu só bebo cerveja, então não posso ser visto como um alcoólatra."

"Tive umas aventuras de uma noite, mas não foi adultério."

"Ninguém é perfeito. Quem nunca viu pornografia?"

Minimização: intimamente relacionada à negação, a minimização diminui a importância ou o significado de algo.

Digamos que você teve uma infância muito dolorosa. No entanto, quando confrontado com esse fato, você diz: "Não foi tão ruim assim. Muitas pessoas tiveram uma infância pior que a minha". Talvez você acrescente: "Meus pais fizeram tudo o que estava ao seu alcance. Eles tiveram uma infância difícil também".

Isso pode ser verdade, mas, se você se impedir de ver toda a verdade do que lhe aconteceu na infância, nunca chegará a um nível mais profundo de cura. Se você se convencer de que o que lhe aconteceu não teve importância ou foi insignificante ou inevitável, então não há nada a ser curado por Deus.

Lembre-se de que nossos pontos de vista e as consequentes conclusões devem estar de acordo com o que Deus diz sobre a situação. Deus lhe disse: "Sinto muito, mas seus pais, ao criarem você, não tiveram outra opção senão lhe passar a mesma criação ruim que receberam"? É claro que não!

Acreditamos que o desejo de Deus é curar cada geração que o convida a fazer isso. Não acreditamos que as gerações subsequentes estejam destinadas a repetir e reviver as feridas do passado.

O MANDAMENTO ESQUECIDO: AME A SI MESMO

Tirar a responsabilidade de seus pais *no final* do processo de cura, *depois* de lidar com a dor, a perda, a tristeza e o perdão, é diferente de dar-lhes um desconto logo no início desse processo como desculpa para o comportamento pecaminoso de ambos. A opção de isentá-los no final é o último estágio do sofrimento, e isso se chama *aceitação*, e não *minimização*.

Isolamento emocional: *distanciar-se para evitar rejeição.*

Com esse mecanismo, nós nos afastamos fisicamente de situações na igreja, em reuniões sociais ou relacionamentos, ou fechamos nosso coração e não nos permitimos sentir muito, porque aprendemos a acumular nossas emoções.

Dissociação: *desconectar-se ou fugir do que está acontecendo no momento, no mundo ao nosso redor.*

Existem diferentes graus de dissociação. O menos sério é quando "nos afastamos" por alguns instantes ou por um curto período de tempo. Algumas vítimas de violência e de abuso aprendem a distanciar-se de si mesmas durante o ocorrido, de tal modo que são capazes de assistir ao abuso do lado de fora do corpo e evitar os sentimentos de medo, terror, dor e vergonha. No transtorno dissociativo de identidade, vítimas de trauma se fragmentam e formam personalidades diferentes. Em algumas situações abusivas, esse pode ser o único meio para a criança sobreviver ao abuso.

Compartimentalização: *tomar um ato ou circunstância perturbadora, angustiante ou dolorosa e, mentalmente, colocá-la na prateleira ou arquivá-la, para que não afete outras áreas de nossa vida.*

Por exemplo, um casal está pronto para assinar os papéis do divórcio. Ele não tem intimidade emocional ou espiritual. Contudo, tem um bom relacionamento sexual. Esses cônjuges aprenderam, com suas necessidades sexuais, a compartimentar os outros problemas do casamento.

Outro exemplo: uma pessoa que sofreu um grave abuso na infância o coloca mentalmente em sua própria caixa ou compartimento. Assim, o passado doloroso não afeta, de modo evidente, outras áreas da vida ou relacionamentos dessa pessoa.

Quando existe um segredo no relacionamento conjugal, como pornografia ou adultério, a compartimentalização permite que a pessoa culpada aja quase como se a infidelidade não fosse real. O cônjuge ofendido pode perguntar: "Como você pôde não pensar em mim ou na família?" A resposta é: compartimentalização.

Deus deseja que vivamos a partir de um lugar onde haja união em nosso íntimo. Assim como a união entre irmãos e irmãs em Cristo libera a bênção de Deus (Sl 133), acreditamos que, quando vivemos a partir de um lugar onde há união interior, em vez de corações despedaçados, atraímos a plenitude da bênção e do favor de Deus. Deus nos criou para sermos inteiros, e não fragmentados.

Regressão: voltar mentalmente a uma maneira mais leve e menos madura de lidar com tensões e sentimentos.

Uma jovem tem uma discussão com uma colega de quarto, sai pisando duro da sala, se tranca no quarto e não sai mais de lá. Isso é a regressão em ação.

Dirigir de forma irresponsável, recusar-se a sair da cama, arremessar longe o telefone ou fazer birra são outros exemplos de respostas infantis a sentimentos ruins.

Fantasia ou fingimento: evitar a realidade, criando imagens ou sonhos em nossa imaginação.

Podemos fingir que algo irreal é verdade ou que estamos fazendo algo que vai além de nossa capacidade. Um homem pode imaginar ser o próximo na lista para se tornar sócio de uma empresa ou que era um zagueiro tão bom no Ensino Médio que poderia ter jogado futebol profissional. Ele se perde nesses pensamentos com frequência. Isso é mais do que apenas sonhar acordado ou imaginar coisas boas para o futuro. É uma maneira de escapar [da realidade] do presente.

Deslocamento: descarregar nossas frustrações nos outros.

Sentimos dor ou tensão com uma situação ou evento passado ou atual e, então, descarregamos nossa frustração ou raiva em um membro da família ou amigo. O deslocamento é muitas vezes chamado de síndrome do "indivíduo que se zanga com o chefe, mas chuta o cachorro".

Projeção: *culpar os outros por coisas que não são culpa deles.*
Nós nos sentimos mal por algo que dissemos ou fizemos, mas, em vez de assumirmos a responsabilidade por nossa ação e sentirmos uma vergonha saudável, culpamos alguém ou outra coisa por isso.

Autoprojeção: *uma forma de projeção na qual não culpamos os outros, mas a nós mesmos.*
"A culpa é minha"; "eu não faço nada direito"; "eu mereço." A culpa que colocamos em nós mesmos impede o arrependimento verdadeiro e sincero que Deus iniciou.

Tanto a projeção quanto a autoprojeção são, muitas vezes, resultados da vergonha destrutiva, quando não nos sentimos bem com quem somos.

Raiva defensiva: *um mecanismo intimamente relacionado ao deslocamento e à projeção, por meio do qual usamos a raiva como um escudo de defesa.*
Embora algumas fontes não definam a raiva como um mecanismo de defesa, acreditamos que, em certas situações, ela de fato serve como tal. A raiva é uma emoção fundamental e, embora possamos pecar no modo como a expressamos, ela em si mesma não é pecaminosa (Ef 4.26). Ela pode ser um indicador de outra emoção que precisa ser tratada, como dor, medo, decepção, perda, traição ou injustiça.

No entanto, quando desconsideramos as emoções implícitas e simplesmente permitimos que a raiva se manifeste, ela pode começar a ganhar vida própria. Ela se torna uma fonte de defesa e de poder que bloqueia os problemas mais profundos e as mágoas que precisam ser expressos. Ao atingir esse nível, ela se torna um forte mecanismo de defesa que precisa ser discutido.

Autossuficiência ou autoconfiança: *evitar nossos sentimentos, tornando-nos fortes em nossa própria capacidade.*
A autossuficiência se manifesta em declarações do tipo: "Sou um sobrevivente"; "eu posso me sair bem"; "eu não posso contar com mais ninguém, mas sempre posso contar comigo".

Nós nos ajustamos à descrição de uma unidade autossuficiente. Não nos permitimos *necessitar*, e achamos difícil receber ajuda de outras pessoas. Podemos nos orgulhar de nossa própria independência. Não podemos reconhecer com facilidade nossas fraquezas ou dependência de Deus e/ou de outros, e muitas vezes tentamos controlar situações. Mas, embora possamos parecer fortes por fora, o que nos motiva no íntimo é o medo.

Racionalização: *procurar nos defender justificando nossas ações ou arrumando desculpas para elas.*

Alguém que está racionalizando pode dizer: "Se você soubesse da minha situação, entenderia por que sou do jeito que eu sou". Ou: "Ninguém na minha família diz *eu te amo*; nós somos assim". Ou: "Desculpe por eu ter gritado com você, mas você me magoou ontem à noite por não falar comigo só porque eu me atrasei para o jantar".

Toda vez que acrescentamos a palavra *mas* ou queremos dar uma explicação para nosso comportamento logo depois de um pedido de desculpas, precisamos parar e ver se não estamos sendo defensivos e racionalizando.

Intelectualização: *buscar uma explicação lógica para um problema ou questão, a fim de evitar sentimentos.*

Por exemplo, uma mulher compartilha com a colega de trabalho que ela se sente deprimida e sem esperança em relação ao seu futuro. A colega de trabalho responde: "Por que você está deprimida? Pense nas muitas coisas pelas quais você deveria ser agradecida". Ou uma esposa chega à sua casa, do trabalho, frustrada com uma reunião que correu mal, e o marido entra em "modo de correção", considerando os fatos do problema, enquanto ignora a necessidade da esposa de ser ouvida, compreendida e respeitada.

Esses e outros mecanismos de defesa têm uma coisa em comum: eles nos colocam no controle de nossa vida, em vez de colocarem Deus. Como resultado, nosso relacionamento com ele sofre, e nós continuamos sem cura.

Votos internos: um punho cerrado em nosso coração

Outra forma poderosa de autoproteção é o *voto interno*. Essa é uma decisão que tomamos em nosso coração ou espírito, muitas vezes em uma tenra idade, que afeta e até dirige nossa vida nos anos subsequentes.

Os votos internos, em geral, provêm de sentimentos fortes, e não de pensamentos racionais e tomadas de decisão. Um voto interno é como um punho cerrado em nosso coração; tomamos uma decisão firme com relação a alguém ou algo para nos proteger da mágoa ou da dor.

As Escrituras contêm vários exemplos de votos feitos diante de Deus, como, por exemplo, os votos matrimoniais. Mas não devemos fazer votos que não sejam condizentes com o coração e a vontade de Deus.

Os votos feitos por motivos de autoproteção podem ter um impacto negativo considerável em nossa vida, sobretudo aqueles que fizemos quando éramos jovens e mais vulneráveis. Tais votos podem ter sido feitos de modo verbal, mas muitas vezes foram simplesmente feitos em nosso íntimo como um meio de evitar a dor.

Se fizemos tais votos quando éramos jovens, talvez nem lembremos que os fizemos. A prova, no entanto, é quando podemos olhar para o curso de nossa vida adulta, sobretudo nossos relacionamentos, e ver que ela segue na direção de um voto interno.

Um voto interno é muitas vezes precedido pelas palavras "eu nunca" ou "eu sempre". Aqui estão alguns exemplos:[24]

Votos do tipo "eu nunca"
"Eu nunca deixarei ninguém me amar."
"Eu nunca serei amado a não ser por mim mesmo."
"Eu nunca serei fraco."
"Eu nunca serei desejado."
"Eu nunca confiarei em ninguém."
"Eu nunca me permitirei precisar de alguém ou de alguma coisa."
"Eu nunca deixarei ninguém tirar nada de mim."
"Eu nunca permitirei que ninguém me toque."
"Eu nunca compartilharei o que é meu."
"Eu nunca permitirei que ninguém me dê dinheiro."
"Eu nunca serei capaz de entender ou 'captar.'"
"Eu nunca sairei à noite."

"Eu nunca deixarei que outra pessoa veja quem eu sou de verdade."
"Eu nunca deixarei ninguém saber que estou machucado (física e/ou emocionalmente)."
"Eu nunca contarei nada a uma mulher (ou a um homem)."
"Eu nunca deixarei um homem (ou uma mulher) me controlar."
"Eu nunca serei responsável pelas ações dos outros."
"Eu nunca receberei um elogio."
"Eu nunca me entregarei plenamente à vida."
"Eu nunca permitirei que uma mulher (ou um homem) entre em meu coração."
"Eu nunca serei nada que valha a pena."
"Eu nunca crescerei e serei maduro."
"Eu nunca ficarei com raiva."
"Eu nunca saberei quem sou."
"Eu nunca terei o senso de pertencimento."
"Eu nunca serei agradável."
"Eu nunca chorarei."
"Eu nunca terei filhos."
"Eu nunca saberei o que fazer da minha vida."

Votos do tipo "eu sempre"
"Eu sempre permanecerei distante."
"Eu sempre estarei separado."
"Eu sempre serei invisível e complacente."
"Eu sempre terei medo."
"Eu sempre serei rejeitado."
"Eu sempre estarei no controle."
"Eu sempre serei solteiro."
"Eu sempre serei lógico."
"Eu sempre serei forte."
"Eu sempre serei uma maçã podre."
"Eu sempre serei usado ou que sofreu abuso."
"Eu sempre sentirei dor."
"Eu sempre serei pobre."
"Eu sempre estarei do lado de fora, olhando para dentro."

"Eu nunca sentirei raiva", um exemplo pessoal

Quando era jovem, eu (Jerry) tomei várias decisões em meu coração que impactaram minha vida adulta. A que mais se destaca é o voto interno: "Eu nunca sentirei raiva".

Meu pai ficava irritado e impaciente com facilidade, e sua raiva e fúria podiam surgir de repente, quando menos esperávamos. Na infância, eu odiava sua raiva porque ela me deixava muito ansioso e afetava muito o resto da família, sobretudo minha mãe.

Não me lembro de ter feito um voto de não sentir raiva, mas, quando fiquei mais velho, e sobretudo quando me casei com Denise, nunca senti raiva. Não que as coisas não me deixassem frustrado, irritado ou chateado. Eu apenas nunca deixava os outros saberem que eu estava com raiva, especialmente a pessoa que era o objeto de minha raiva. Em vez disso, eu guardava a raiva, o que não apenas era prejudicial para mim, mas também tornava aquela parte de meu coração que guardava a raiva indisponível para Deus, para Denise e para os outros.

Uma vez que a única imagem da raiva que tive na infância me levou a acreditar que ela era dolorosa, vergonhosa e errada, eu não queria nada com ela. Então, bloqueei todos os sentimentos ligados à raiva.

Se você tivesse me perguntado se eu já havia tomado esta decisão, "eu nunca sentirei raiva", eu teria respondido logo que não. Mas, ao olhar com atenção para minha vida e meus relacionamentos, percebi que o modo como eu me relacionava com os outros provava que eu de fato havia feito um voto desse tipo.

Se as palavras *sempre* ou *nunca* são muito fortes para você, porque a declaração não se aplica a você o tempo todo, dê um passo para trás e examine-a de uma perspectiva mais ampla. Por exemplo, você pode perceber que nem *sempre* precisa estar no controle de tudo; no entanto, na maioria das vezes, é assim que você vive ou se sente mais confortável. Nesse caso, procure por um possível voto interno que começou nos primeiros anos de sua vida.

Quanto mais controle precisamos em nossa vida adulta, mais descontrolada ou caótica em geral foi nossa infância. Conscientizar-se dos votos internos que você fez irá ajudá-lo a se conectar com a dor e o sofrimento da criança que há em você, que estava tentando lidar com as circunstâncias difíceis que teve na infância.

Votos "bons" ainda são votos ruins

Às vezes, fazemos votos que poderiam ser considerados favoráveis, mas, na realidade, eles nos atrapalham. Por exemplo, alguém que cresceu em um lar violento ou abusivo pode ter feito o seguinte voto: "Eu nunca serei violento ou abusivo". Isso parece ser uma boa decisão. No entanto, quando tomamos decisões que lembram aquele punho cerrado em nosso coração — mesmo aquelas que produzam um bom comportamento —, ainda dependemos de nossa própria capacidade ou justiça para fazer o que é bom e evitar o que é mau. Não estamos confiando em Deus e dependendo de sua capacidade, sua força, para nos ajudar a manter um comportamento bom e piedoso.

Isso não significa que, como adultos, devemos perpetuar o comportamento destrutivo que observamos quando éramos crianças. Significa, todavia, que devemos chegar ao ponto de perceber que nada podemos fazer sem a graça de Deus.

Muros fortificados revelam corações de pedra

Mecanismos de defesa e votos internos depositam nossa confiança em nosso próprio poder, não em Deus para ser nossa defesa, nossa proteção e nossa força. Esses muros de proteção que construímos para nós mesmos se fortificam em nós ao longo dos anos e resultam em um coração cada vez mais endurecido ou distante de Deus. O Senhor tem zelo por nós e por nossas afeições (Êx 20.5) e pede que o amemos de *todo* o nosso coração (Lc 10.27). Mas só poderemos entregar tudo a ele e receber dele se permitirmos que ele derrube nossos muros.

Esses muros de defesa em torno de nosso coração se correlacionam às cidades fortificadas do Antigo Testamento. Moisés advertiu os israelitas de que, como consequência da desobediência a Deus, o Senhor traria uma nação contra eles: "Ela sitiará todas as cidades da sua terra, até que caiam *os altos muros fortificados em que vocês confiam...*" (Dt 28.49,52; ênfase, em itálico, adicionada).

Jeremias reiterou essa mensagem profética de advertência, afirmando: "[uma nação distante destruirá] ao fio da espada *as cidades fortificadas nas quais vocês confiam*" (Jr 5.17; ênfase, em itálico, adicionada).

Os vários mecanismos que usamos, como adultos, para nos proteger são uma forma de engano demoníaco. Induzidos ao erro de acreditar que podemos e devemos assumir nossa própria defesa, nós nos apoiamos em nosso próprio entendimento, em vez de confiarmos no Senhor (Pv 3.5).

Mas, se depositamos nossa confiança em Jesus Cristo, ele, por sua vez, faz o que é prometido em Ezequiel 36.26: "Darei a vocês um coração novo e porei um espírito novo em vocês; tirarei de vocês o coração de pedra e lhes darei um coração de carne".

Jesus nos convida a entregar plenamente nosso coração a ele e, assim, *experimentar* o que já aconteceu.

Convidando à fraqueza piedosa

Colhemos bons frutos quando revelamos nossas defesas e lidamos com elas; no entanto, muitos lutam contra a escolha desse caminho. Por quê? Porque enfrentar e sentir a dor não resolvida do passado exige que nos tornemos fracos e vulneráveis, algo ao qual podemos ter dedicado boa parte de nossa vida adulta para evitar.

Para muitos, abandonar os mecanismos de autodefesa é o mesmo que estar de todo indefeso. Essas pessoas aprenderam a sobreviver apoiadas em seu próprio poder durante toda a vida. Quando já não havia ninguém em quem confiar, quando todos as decepcionaram, elas sabiam que podiam sempre contar consigo mesmas. Elas se endureceram e passaram a não precisar de mais ninguém. É lógico, então, que elas perguntassem a si mesmas: "Por que eu abaixaria minhas defesas e exporia meu coração a sentimentos? Por que eu voltaria àquela situação e me sentiria daquela maneira de novo? Que bem isso fez para mim na época, e como poderia me fazer bem agora?"

No entanto, a única maneira eficaz que conhecemos para encontrar uma cura profunda para o coração é aceitar a fraqueza piedosa. É no quebrantamento que a coisa de fato fica séria em se tratando de confiar em nosso Salvador, Jesus, que veio para curar os que estão com o coração quebrantado e libertar os cativos (Lc 4.18). Devemos reconhecer que o nosso coração está quebrantado e, em vários níveis, mantido em cativeiro.

O apóstolo Paulo chegou a esse entendimento enquanto clamava várias vezes para que Cristo interviesse em sua luta pessoal. A resposta de Jesus, "minha graça é suficiente para você, pois o meu poder se aperfeiçoa na fraqueza" (2Co 12.9), mudou algo em Paulo. Ele não fugiu nem se escondeu de sua fraqueza. Em vez disso, Paulo escreveu: "Eu me gloriarei ainda mais alegremente em minhas fraquezas, para que o poder de Cristo repouse em mim" (2Co 12.9).

Uma vez que se dispõe a aceitar a fraqueza piedosa em lugar dos mecanismos de defesa e dos votos internos, você está pronto para abaixar seus escudos. O primeiro passo é reconhecer diante de Deus todas as suas defesas. Em seguida, compartilhe com ele o que você está disposto a mudar. Por fim, peça-lhe e receba o perdão de Deus.

Por exemplo, se você perceber que fez um voto do tipo "eu nunca permitirei que alguém saiba que estou machucado", simplesmente faça em voz alta uma oração como esta:

"Senhor, renuncio ao voto de nunca permitir que alguém saiba que estou machucado. Por tua graça, estou disposto a começar a deixar que as pessoas a quem me direcionares saibam quando eu estiver machucado."

Depois passe para o próximo voto:

"Senhor, renuncio ao voto de que eu sempre serei forte. Por tua graça, estou disposto a ser fraco para que tu possas ser forte em mim."

Em seguida, os mecanismos de defesa:

"Senhor, reconheço que tenho usado a *minimização* como um meio de me proteger da dor. Se tu disseres que algo é um grande problema, então quero que esse algo seja um grande problema para mim."

"Eu também reconheço que tenho usado o *isolamento emocional* para evitar a rejeição de outras pessoas. Quero aprender a me envolver com os outros e a não me esconder dos relacionamentos."

Quando terminar de reconhecer essas coisas, simplesmente conclua em oração:

"Obrigado por me perdoares, Senhor. Recebo teu perdão e me perdoo."

Ao reconhecermos para Deus os modos como nos protegemos, quebramos o poder do engano do Inimigo e começamos a passar a confiança de nós mesmos para Deus. Fazer isso várias vezes será um grande primeiro passo no processo de cura.

A graça para mudar

Desistir de nossas próprias forças e aceitar a fraqueza para experimentar o Reino de Deus de maneira mais plena não é algo muito atraente, sobretudo em nossa cultura ocidental. Pode parecer loucura para muitos. Mas "Deus escolheu o que para o mundo é loucura para envergonhar os sábios, e escolheu o que para o mundo é fraqueza para envergonhar o que é forte" (1Co 1.27).

Observe que se tornar fraco, vulnerável e indefeso não significa se tornar um capacho para os outros. Significa que buscamos o discernimento de Deus sobre como lidarmos com uma determinada situação, em vez de respondermos a partir de nossos métodos de defesa anteriores.

Por exemplo, se você se encontra por acaso com alguém que é emocionalmente inseguro, Deus pode instruí-lo a estabelecer um limite divino nessa situação. Ou talvez alguém esteja fazendo ou dizendo algo que faz mal a você. Ao buscar o coração de Deus sobre o assunto, ele pode instruí-lo a confrontar essa pessoa com amor, em um esforço para preservar ou restaurar o relacionamento por meio da honestidade — algo difícil de fazer se sua defesa, em geral, é afastar-se. Por outro lado, se sua defesa normal é a agressão, Deus pode levá-lo a uma direção diferente e de igual modo difícil: não dizer nada a princípio, mas esperar e perguntar a Deus *se*, *quando* e *como* você deve responder. Em situações como essas, você aprenderá a entregar seu controle a Deus, tentar ouvir a voz dele e, então, responder de forma apropriada.

Os mecanismos de proteção que você usou durante toda a sua vida simplesmente desaparecerão? Não. Mas, com o tempo, você começará a ver mudanças ocorrendo em seu coração e em suas ações. Se estiver falando sério com Deus sobre seu desejo de mudar, ele lhe mostrará quando você estiver confiando em uma de suas defesas do passado, em vez de confiar nele. Muitas vezes, o Espírito Santo irá incomodá-lo quando você estiver prestes a responder da velha maneira de autoproteger-se.

A escolha está diante de você. No entanto, saiba que o Pai coloca muita graça à sua disposição enquanto você procura caminhar nesse novo modo de viver. Ele não espera perfeição; ele só pede um coração disposto e a humildade de admitir para ele e para aqueles que o cercam quando você estragou tudo e precisa começar de novo.

A ilustração a seguir falou com nós dois em nosso caminho pessoal de cura, e nós a usamos com nossos pacientes. Ela dramatiza como o Pai cura e liberta as partes feridas de nosso coração quando as "expomos à luz".

> Quando eu era criança, tínhamos uma pilha de pedaços de madeira que não usávamos ao lado da casa em que brincávamos. Durante o início de um verão, enquanto limpávamos o quintal, tive de pegar uma tábua que havia sido deixada no gramado. Ao fazer isso, expus um pedaço de terra que havia ficado escondida do sol, na qual nenhuma grama pôde crescer.
>
> Expostos à luz, todas as tesourinhas, tatuzinhos e aranhas correram para se esconder. A coisa estava muito feia debaixo daquela tábua! Apenas algumas fibras amarelas de grama, desesperadas, procuraram a beira da tábua e a luz do sol.
>
> Fiquei tentado a deixar a tábua onde estava, porque parecia melhor do que aquele pedaço morto no gramado. Mas a tábua foi tirada, e aquela parte feia permaneceu exposta à luz.
>
> À medida que o verão avançava, porém, e o gramado era regado, cortado e iluminado pelo sol, o local se encheu de grama. No final do verão, ninguém podia dizer que havia aquele pedaço feio ali.[25]

O mesmo pode acontecer em nossa jornada de cura. Quando expomos o que está escondido dentro de nós, a luz da verdade pode brilhar nesses lugares. É provável que o processo seja doloroso e que sejamos tentados a esconder as coisas feias de novo. No entanto, se convidarmos o Espírito Santo para estar conosco aqui, nesse caminho de cura do coração, então a luz fará seu trabalho. E, no devido tempo, a área escondida estará curada.

Em seu livro *In the Voice of a Child* [Na voz de uma criança], Judy Emerson compartilha o que aprendeu sobre os mecanismos de autoproteção durante sua jornada de cura do abuso sexual:

> Se eu pedir a um médico para curar uma ferida em meu corpo, ele insistirá para que eu tire as quatro camadas de roupa que a cobrem. Ele terá de examinar a ferida primeiro. Para um terapeuta me ajudar a curar uma ferida espiritual e emocional, ele me pedirá para remover as racionalizações e os mecanismos de defesa que a disfarçam. Temos de examinar a ferida. Temos de avaliar a extensão do dano para que a cura seja completa...
>
> Dizer as palavras sobre o que aconteceu na época nos tira da negação e nos permite admitir nossa necessidade. E quebra as amarras que o segredo cria... Porque, quando o expomos à luz de Cristo, já não estamos presos a ele.[26]

O Senhor busca corações quebrantados e contritos (Sl 51.17) que acreditam que ele é bom e digno de confiança e tem em mente o que é melhor para nós. Deus deseja que tenhamos um nível maior de intimidade com ele e uma capacidade maior de dar e receber amor — incluindo o amor por nós mesmos. Ele deseja derramar sua "bondade... que [nos] conduz ao arrependimento (mudança)" (Rm 2.4 ARA) e fazer desaparecer qualquer coisa que possa bloquear tal dádiva.

Você escolherá Deus, em vez de seu medo? Você começará a abaixar seus escudos? Você está disposto a confiar nele?

Escudos levantados: as maneiras por meio das quais nos protegemos

ORAÇÃO

Pai, preciso de tua ajuda. Eu sei que desenvolvi maneiras de me proteger da dor, sobretudo a dor que começou há muito tempo. Preciso que tu me mostres como fiz isso. Embora eu esteja desconfortável e até com medo de abrir essa porta, quero viver a partir do lugar da "vida abundante" que teu Filho veio para me dar.

Enquanto exponho as maneiras que aprendi para me proteger, dá-me a graça para rejeitar os escudos e mecanismos que fiz para mim mesmo. Eu te convido a entrares para me defenderes e me protegeres. Peço que me tornes fraco, com uma fraqueza piedosa, para que eu possa viver de tua força. Senhor, peço que me deixes indefeso em minha própria capacidade para que possas de fato ser minha defesa. E te digo que estou disposto a sentir o que tu gostarias que eu sentisse, nem mais nem menos do que disseres ser necessário. Estou disposto, por tua graça, a ser emocionalmente honesto, transparente e vulnerável diante de ti e dos outros que tu disseres serem confiáveis.

Oro tudo isso em nome de teu Filho, Jesus. Amém.

O MANDAMENTO ESQUECIDO: AME A SI MESMO

QUESTÕES PARA REFLEXÃO

1. Recapitule a seção *Exemplos de mecanismos de defesa*. Quais deles você pode identificar em si mesmo? (Talvez seja útil perguntar a uma pessoa que lhe seja próxima o que ela vê em você, uma vez que você pode não ver algumas das defesas em si mesmo.)
2. Reflita sobre o seguinte: todos os mecanismos de defesa têm uma coisa em comum: eles nos colocam no controle de nossa vida, em vez de colocarem Deus. Como resultado, nosso relacionamento com ele sofre, e nós continuamos sem cura. Essa é uma nova revelação para você? Explique. Você está disposto a colocar Deus no controle de sua vida? Por quê?
3. Quais dos votos internos do tipo "eu nunca" e "eu sempre" você pode identificar em sua vida? Em que sentidos eles podem ter endurecido seu coração?
4. Você está disposto neste momento a aceitar a fraqueza piedosa — isto é, desistir de sua própria força em troca da força de Deus? Que sentimentos a ideia provoca em você? Às vezes, a resistência nessa área oferece pistas para feridas do passado. Se você sentir essa resistência, peça a Deus para lhe mostrar o que significa esse bloqueio.
5. Quando você estiver pronto, encontre um lugar calmo e traga o sacrifício que Deus deseja: *um coração quebrantado e contrito*. Ofereça-lhe seus escudos de autoproteção, sabendo que ele planeja curar a dor interior que você não queria enfrentar.
6. Releia a oração final em voz alta e faça dela a sua oração. Tenha esta verdade em mente: Jesus veio para curar os que estão com o coração quebrantado e libertar os cativos — e isso inclui curar *seu* coração e *libertá-lo*.

CAPÍTULO 8

VERGONHA E AS MENTIRAS EM QUE ACREDITAMOS

Eu nunca soube quem eu era de verdade, porque, durante toda a minha vida, usei uma máscara, encenei e tentei agradar aos outros. Minha mãe chegava ao ponto de me fazer me vestir, passar maquiagem e arrumar o cabelo para ir à caixinha de correio, na frente de casa — porque "nunca se sabe se alguém vai vê-la".
—Uma adolescente durante seu processo de recuperação da anorexia

Compreendendo a vergonha saudável

Muitas pessoas não entendem bem o sentimento de vergonha. Vamos entender com precisão a vergonha em suas duas formas: a saudável e a tóxica.

A vergonha muitas vezes é resultado de uma ação embaraçosa, deplorável, horrorosa ou que inspira descrédito. Talvez você tenha cometido um erro no trabalho que impactou de forma negativa seu departamento. Muitas pessoas souberam que você foi o responsável pelo problema. Foi apenas um erro humano, mas, mesmo assim, você se sente envergonhado. Esse tipo de vergonha, em sua forma apropriada, permite que você saiba que possui limitações e cometerá erros.

Ou talvez você tenha mentido, adotado um atalho não muito louvável em seu relatório, ou descarregado suas frustrações pessoais em seu cônjuge. Você sabia que o que estava fazendo era errado, mas fez mesmo assim. Tais ações também deveriam produzir um sentimento de vergonha.

A vergonha saudável permite que você sinta dor ou tristeza ao violar as maneiras que Deus idealizou para você amar a si mesmo e aos outros. A vergonha do pecado — ou "errar o alvo", em se tratando dos caminhos de Deus —, tem como objetivo produzir o bom fruto da tristeza piedosa que leva ao arrependimento (2Co 7.9-11).

A vergonha saudável é muitas vezes usada de forma alternada com o termo *verdadeira culpa*. Sentir esse tipo de vergonha nos leva a acertar as coisas com aqueles que foram afetados por nossas ações. Quando possível, podemos trabalhar para corrigir os resultados daquilo que fizemos. No caso de um relacionamento, podemos buscar reconciliação e restauração. Mesmo que não possamos mudar os resultados de nossa ação ou falta dela, podemos ainda assumir a responsabilidade por ela.

O mais importante é que podemos reconhecer diante de Deus que estamos de fato arrependidos pelo que aconteceu. Pedir e receber o perdão de Deus mediante Jesus Cristo, e depois perdoar a nós mesmos, permite-nos avançar com esperança renovada.

Todas as alternativas citadas são razões pelas quais Deus, por meio do Espírito Santo que vive em nós, permite-nos experimentar e processar a vergonha saudável.

A vergonha tóxica

A *vergonha tóxica* é muito diferente da vergonha saudável. É um dos problemas mais comuns e prejudiciais que tratamos na terapia. A vergonha tóxica nos priva da vida que o Pai intenta que experimentemos. Ela afeta nosso modo de viver com entusiasmo, como pessoas que amam Deus e o nosso próximo.

A vergonha tóxica se revela de várias maneiras. Em geral, ela se manifesta como uma ideia desesperada e dolorosa de que uma parte de nós é defeituosa, ruim, artificial, inadequada ou falha. Podemos experimentar uma sensação de inutilidade, de que temos pouco ou nenhum valor. Nós nos sentimos isolados e alienados, diferentes dos outros e menos do que eles. Nós nos julgamos e nos tornamos objeto de nosso próprio desprezo.

Quando causamos nossa própria vergonha, somos nós que atormentamos a nós mesmos, cedendo terreno para o Inimigo. São poucas coisas em nós que nos satisfazem ou agradam; no entanto, podemos sempre encontrar muitas coisas para criticar em nós. Julgando a nós mesmos pelos padrões ideais, nós nos condenamos a provar repetidas vezes o óbvio: que nunca podemos "nos sair bem". Nosso autojulgamento bloqueia a convicção genuína que nos é dada pelo Espírito Santo, e, assim, impede o verdadeiro arrependimento e a mudança.

Além de fazer com que nos sintamos defeituosos ou inadequados, a vergonha tóxica também nos convence de que os outros podem ver através de nós, passar por nossa fachada e chegar aos nossos defeitos. Em resposta, podemos nos afastar fisicamente ou esconder nossas emoções, projetando uma fachada que proteja o nosso verdadeiro eu.

A vergonha tóxica nos deixa com medo de compartilhar nosso eu íntimo, porque, se fizermos isso, talvez não sejamos aceitos por sermos quem de fato somos. Em vez disso, muitas vezes aprendemos a projetar uma imagem daquilo que acreditamos que os outros gostariam de ver em nós. Expor nosso verdadeiro eu é como despir-se em demasia, estar muito vulnerável. O risco de rejeição é muito grande; o medo é assustador. Assim, aprendemos uma regra fundamental para a vida: *evitar a vergonha a todo custo*.

Faces da vergonha tóxica

Faça a si mesmo as seguintes perguntas (e, além disso, pergunte às pessoas mais próximas como elas responderiam a essas perguntas em relação a você):

- Fico na defensiva com os outros?
- Critico a mim mesmo e aos outros?
- Meu solilóquio interior é negativo, condenatório e impiedoso?
- Sou perfeccionista?
- Sou uma pessoa orientada ao desempenho, um "fazer humano" *versus* um ser humano?
- Tenho medo de proximidade e de intimidade, desejando essas coisas, mas, ao mesmo tempo, fugindo delas?
- Eu me isolo física ou emocionalmente, fechando-me ou guardando meus sentimentos?
- Estou controlando os outros?

- Tenho dificuldade de identificar ou expressar sentimentos?
- Gosto de agradar às pessoas, desejando a aprovação e o reconhecimento delas?
- Tenho dificuldade de confiar em outros, incluindo Deus?
- Sou sensível a críticas, mesmo quando são construtivas?
- É difícil para mim admitir que estou errado e pedir desculpas?
- Preciso ter razão para me sentir melhor em relação a mim mesmo?
- Tenho dificuldade de tomar decisões?
- Eu me vejo tentando provar que estou bem ao trabalhar ou realizar mais?
- Luto contra comportamentos que viciam?

Responder *sim* a qualquer uma dessas perguntas indica uma ferida de vergonha.

O lado controlador da vergonha tóxica

Alguns de nossos pacientes não se identificam com os sintomas de vergonha tóxica que acabamos de listar. No entanto, essas pessoas têm muita dificuldade em seus relacionamentos com Deus e com outros. À medida que se aprofundam nas razões por trás de suas dificuldades, a vergonha tóxica vem à tona, mas de uma forma diferente. Nós a chamamos de *vergonha controladora* ou *agressiva*, mas, mesmo assim, trata-se de vergonha.

Esse tipo de vergonha não dá espaço aos sentimentos de inferioridade, inadequação ou fracasso. A força pessoal e a vontade própria dominam. Os sentimentos, bons ou ruins, têm pouco espaço.

Um indivíduo assim pode mostrar-se exigente, rígido e inflexível, no controle. Ele pode parecer desconsiderar as necessidades e opiniões dos outros. Seu objetivo é ter sucesso, parecer bem, ter razão e fazer tudo certo.

Com esse tipo de vergonha, é difícil à pessoa alcançar relacionamentos abertos, honestos e vulneráveis. Mas, a menos que esteja em um relacionamento próximo com alguém influenciado pela vergonha controladora, você não estaria ciente das consequências relacionais que isso produz.

Um grande medo invisível está por trás da motivação externa dessa pessoa. Não é um medo aparente, como o medo de altura ou de falar em público. É um medo básico e profundamente arraigado, como o medo de não estar no controle; o medo de não ter o que é preciso para ter sucesso; o medo do fracasso, que aponta para um núcleo de insegurança. Mas esse tipo de pessoa aprendeu a compensar seu profundo problema de vergonha de uma maneira que o oculta. O que poderia ser mais evidente é sua necessidade de assumir o controle, resistir ao controle ou ambos.

Embora esses indivíduos em geral exibam poucos sentimentos, a única emoção que eles muitas vezes demonstram é a raiva, e as pessoas que os cercam estão bem cientes disso. A raiva é uma emoção importante e, em geral, aponta para outros sentimentos, como perda, decepção, mágoa e traição. Mas a raiva também pode ser usada como defesa para lidar com níveis mais profundos de medo e insegurança.

Uma vez que muitas vezes são bem-sucedidas no sentido em que a sociedade vê o sucesso, essas pessoas sempre são aplaudidas. Mas a motivação por trás de seu sucesso é a vergonha: garantir que os sentimentos profundamente arraigados de inadequação nunca sejam vistos pelos outros — nem por elas mesmas.

A verdade surge, no entanto, quando as medidas que quantificam o sucesso são retiradas. Problemas de saúde, fracasso financeiro, problemas conjugais... vários tipos de perda começam a se acumular. Quando as perdas excedem a força dos mecanismos de defesa de uma pessoa, então o falso e forte eu exterior, que oculta a identidade baseada na vergonha, começa, por fim, a se desintegrar e a desaparecer. Agora a cura real pode começar. Infelizmente, a essa altura, danos consideráveis em relacionamentos importantes já ocorreram.

A vergonha tóxica produz orgulho

A vergonha tóxica resulta em uma de duas formas de orgulho. Pode ser o orgulho que o leva a dizer: "Eu posso fazer isso. Posso sobreviver, superar os obstáculos, ser vitorioso e lhe mostrar que eu sou alguém". Ou o orgulho que o faz dizer: "Sou tão inadequado e tão cheio de defeitos que nunca poderei ser curado e nunca vou mudar". Esse último tipo de orgulho é muitas vezes denominado *o orgulho do verme*. A pessoa está dizendo, em essência, que ela é um problema muito grande — até mesmo para Deus.

Embora às vezes possa ser importante encararmos o orgulho de uma perspectiva espiritual, achamos mais importante e eficaz lidar com o medo implícito — uma vez que *o medo em geral está na base do orgulho*.

De acordo com 1João 4.18, "no amor não há medo; ao contrário o perfeito amor expulsa o medo". Uma pessoa orgulhosa — ou seja, uma pessoa medrosa — precisa de amor para preencher os lugares nela onde mora o medo.

Acreditamos que o principal objetivo de Deus é levar o seu amor a esses lugares profundos, e, portanto, esse também é nosso objetivo.

A guerra interior por nossa identidade

Como cristãos, somos definidos por Deus como *santificados* e *justos* — como *santos*. É assim que Deus nos vê. No entanto, eu (Jerry) lutei muito ao longo dos anos para me ver dessa forma. Por quê? Por que é fácil para alguns aceitarem sua nova identidade em Cristo, enquanto para outros, como eu, é muito mais difícil?

Denise e eu acreditamos que grande parte da razão está em se uma pessoa, quando criança, recebeu as mensagens necessárias para estabelecer a base para aceitar e abraçar a si mesma e aos outros.

Em meu caso, a falta de partes em meu desenvolvimento, quando eu era criança, convenceu-me, no fundo de meu coração, de que "eu sou quem sou e não estou bem assim", em vez de "eu sou quem sou e estou bem assim". Mas esse foi um assunto que só considerei com seriedade quando cheguei à minha conclusão. As crianças não têm esse tipo de capacidade cognitiva. Até os cinco anos de idade, elas são de fato apenas um amontoado de sentimentos. Seu mundo gira em torno do que sentem e percebem. Seu senso de importância e de valor provém do coração e do espírito, e não da mente.

Então, durante meu crescimento, lutei contra uma identidade baseada na vergonha — não me sentindo bom o suficiente —, e isso me preparou para uma grande quantidade de medo e ansiedade. Eu queria não apenas me sair bem e ser bom, mas, ainda mais, evitar fazer qualquer coisa que me fizesse parecer mau.

Quando entreguei meu coração a Jesus, aos trinta e poucos anos, não tive uma resposta emocional avassaladora, mas sabia que algo havia mudado dentro de mim. Eu havia experimentado uma mudança no coração, algo que se tornou ainda mais evidente com o passar das semanas. O problema era que essas boas novas não chegaram de imediato a todas as áreas de meu coração.

Eu sabia, em minha mente (e até certo ponto em meu coração), que agora eu estava "limpo, perdoado, lavado e aceito", mas as mentiras profundas e fundamentais que formam a vergonha destrutiva e tóxica ainda precisavam ser tratadas. Dessa forma, mesmo tendo agora um Pai perfeito que me amava, apreciava, abraçava e aceitava de qualquer maneira, eu ainda tinha de enfrentar a vergonha fundamental que lutava contra essa verdade.

Dentro de mim, uma guerra estava sendo travada. Eu ainda sentia medo e ansiedade, mas agora isso estava relacionado à qualidade de meu relacionamento com Deus. Eu queria que Deus estivesse satisfeito comigo, mas, mais ainda, não queria sentir que ele estava de alguma forma *des*contente ou decepcionado comigo.

Só alguns anos depois, quando me submeti ao processo de encontrar o *menino ferido dentro de mim* e levá-lo ao Pai, essa vergonha fundamental desapareceu. Em termos teológicos, a obra interior que experimentei se chama *santificação*.

Buscando validação: "Você vai carimbar meu ticket?"

Quando a nossa identidade central é baseada na vergonha — em vez de estar centrada na verdade de quem Deus nos criou para ser —, muitas vezes lutamos com a necessidade de validação.

No nível mais básico, quando algo é válido, ele é verdadeiro. Se algo não atender aos critérios estabelecidos, então dizemos que é inválido.

Ao longo dos anos, trabalhamos com muitos homens e mulheres que lutaram contra a invalidação e a consequente ausência do sentimento de estarem bem consigo mesmos.

Em alguns casos, isso se manifesta na constante necessidade de afirmação e de aprovação. Em outros, manifesta-se em um exterior endurecido, um muro — a maneira que eles encontraram para tentar convencer a si mesmos e àqueles que os cercam de que eles são genuínos, competentes ou *alguém*. De qualquer maneira, o sintoma que mais revela a invalidação é a incapacidade de experimentar e manter relacionamentos íntimos com os outros e com Deus.

Alguns anos atrás, durante um tempo de ministério pessoal, o Senhor lidou com meu coração (de Jerry) sobre minha luta contra a invalidação.

Enquanto eu buscava o Pai para ter discernimento, uma imagem veio à minha mente. Eu estava entrando com o carro, em um estacionamento, e recebi um *ticket* da máquina ao entrar. Um representante da empresa que eu estava visitando, em seguida, carimbou o *ticket* para mim, e eu o apresentei ao funcionário quando saí do estacionamento. Meu *ticket* validado significava que eu havia sido aprovado e, portanto, não precisava pagar.

Eu soube de imediato o que o Senhor estava me mostrando. Uma de minhas lutas na vida havia sido saber que eu sou de fato válido — que, em minha parte mais íntima, eu estou bem. Isso ficou evidente sobretudo há muitos anos. Sem perceber, muitas vezes eu tinha meu *ticket* na mão, esperando que alguém o validasse para me fazer me sentir bem. Só quando me tornei um cristão, o Senhor começou a revelar o poder da invalidação em minha vida.

Sou grato pela obra profunda que Deus fez nessa área, ao longo dos anos. Contudo, durante esse período de ministério pessoal, ele revelou minha necessidade de um nível ainda mais profundo de cura. Eu já não trazia meu *ticket* na mão, mas o havia colocado no bolso. E, em algumas circunstâncias — uma decepção, por exemplo, ou um fracasso pessoal —, eu ainda podia encontrar aquele *ticket* e ser tentado a segurá-lo, para uma validação exterior.

Essa revelação me ajudou a submeter o meu coração a Deus, para receber mais cura. Senti dor na época, mas hoje já não tenho um *ticket* para ser validado. Melhor ainda, o Pai me mostrou que seu carimbo — VÁLIDO — já estava em mim.

As causas da vergonha tóxica

Conforme mencionado, nossa identidade central — como nos vemos e sentimos em relação a nós mesmos — é formada muito cedo. Várias circunstâncias influenciam seu desenvolvimento, mas ela é influenciada, de maneira mais significativa, por nossos principais cuidadores, em geral nossos pais, mas também por professores, irmãos e outras pessoas que têm um impacto significativo sobre nós durante a infância.

Vergonha e as mentiras em que acreditamos

Quando crianças, podemos ser expostos a mensagens de vergonha que têm um efeito profundo sobre nós mais tarde, na vida.[27] Essas mensagens podem ser ditas a nós, mas também podem ser comunicadas sem palavras. São simplesmente aprendidas no ambiente. Por exemplo, seus pais talvez nunca tenham lhe dito "não chore", mas, de alguma forma, você aprendeu que chorar não era uma coisa boa para se fazer em casa. Talvez você soubesse que chorar daria a um de seus pais um motivo para "lhe dar de verdade um motivo para chorar".

Essas mensagens de vergonha não ditas podem ser transmitidas por meio de um olhar, uma careta, uma encarada, um gesto, um chute ou um tapa na cara. Minha avó (de Denise) "batia" na testa de meus primos com uma colher. Qualquer uma dessas ações pode transmitir a mesma mensagem de vergonha, a qual a criança pode interiorizar como sendo aplicável ao seu próprio ser.

É claro que as palavras também têm um impacto poderoso. Entre as declarações de vergonha que as crianças em geral ouvem, estão estas:

"Que vergonha!"
"Você deveria saber disso."
"Como você pode ser tão idiota?"
"As crianças são para serem vistas, e não ouvidas."
"Não faça perguntas, só faça o que eu estou mandando."
"Meninos/meninas grandes não choram."
"Isso nem doeu."
"Você precisa sempre ter uma boa aparência."
"Não traia a família."
"Você nunca vai ser nada na vida."

O lado polonês de minha família (de Denise) gostava de usar a palavra alemã *dummkopf* para transmitir uma mensagem de vergonha. Os sinônimos são extensos: estúpido, idiota, tapado, bobo, tonto, imbecil, burro, lerdo, paspalhão e muito mais. A simples lembrança de algumas das vezes em fui chamada de *dummkopf* provoca uma velha e bem conhecida sensação de "eu sou ruim" no estômago.

Outros rótulos dolorosos prejudicam as crianças da mesma maneira: imprestável, vagabunda, fracassado, atrapalhado, um erro — só para citar alguns. Essas são mensagens difíceis para qualquer pessoa superar.

Além disso, a *ausência* de afirmação, de aceitação, de afeto, de proteção e de um senso de pertencimento transmite, da mesma forma, à criança uma mensagem de que ela não tem valor, a partir da qual se desenvolve um núcleo de vergonha.

As crianças precisam *ouvir* as palavras "eu amo você". Elas precisam *sentir* o afeto e o toque e cuidado apropriados de seus pais ou cuidadores. Elas não entendem que, quando os pais lhes negam afeto e afirmação, ou lhes infligem qualquer tipo de abuso, isso revela algo que, lamentavelmente, falta nos pais, e não algum defeito irremediável nelas.

Lembre-se de que estamos falando de um sistema de crenças que se solidifica entre os dois e os quatro anos de idade. Além disso, nossa personalidade está bem estabelecida já aos sete anos de idade.

É claro que questões negativas podem afetar uma criança depois desse período de formação, mas, na maioria das vezes, apenas eventos traumáticos, como a morte de um ente querido, divórcio, abuso sexual e coisas do tipo, moldarão de maneira drástica a personalidade de uma criança depois disso.

O impacto da vergonha em uma família disfuncional

Quando um dos pais ou ambos guardam no íntimo a vergonha tóxica que não foi tratada, isso afeta todos na família. Uma criança que não sente que um dos pais a ama experimenta um terrível sentimento de rejeição e de abandono emocional. Para lidar com essa dor, ela encontrará escapes. Muitas vezes, ela aprenderá a reprimir suas emoções, bem como suas necessidades.

As crianças que crescem em famílias disfuncionais, baseadas na vergonha, aprendem três regras fundamentais: não falar, não confiar e não sentir. Uma criança não fala, porque não há um ambiente onde seus pensamentos, suas opiniões e seus interesses sejam ouvidos, compreendidos e validados. Ela não confia, porque descobre que ser vulnerável e se abrir para os outros a machuca e, por isso, chega à conclusão de que não pode confiar em ninguém, senão em si mesma. E ela não sente, porque sentir é muito doloroso.

As crianças que crescem em ambientes disfuncionais em geral também aprendem outras três regras: não esperar, não planejar e não sonhar. Essas regras falam por si.

À medida que as crianças seguem da infância para a adolescência e, por fim, à idade adulta, as regras que ditavam sua vida na infância permanecem ativas. Respostas e reações automáticas em situações relacionais não desaparecem, mesmo quando um indivíduo se torna um cristão. As regras que governam um coração ferido bloqueiam nossa capacidade de sentir o amor de Deus Pai, assim como o amor dos outros. Por fim, esses bloqueios emocionais começam a cobrar seu preço. Chegamos a um ponto em que precisamos pedir ajuda a Deus e às pessoas que ele coloca em nosso caminho. Por último, começamos a desaprender as mentiras fundamentais pelas quais vivemos. Nossos padrões pouco saudáveis começam a desmoronar, e podemos avançar no processo de cura.

Kristen, uma jovem preciosa, escreveu a seguinte carta para seu eu mais jovem, durante o fim de semana em que fez terapia conosco. Pudemos sentir o amor curador quase palpável que o Pai estava derramando sobre seu corpo ferido e envergonhado, enquanto ela lia a carta em voz alta para nós. Foi um momento de transformação em sua história de vida.

Querida pequena Kristen,

> estou escrevendo para você porque quero que se aceite e valide coisas em você que nunca foram [validadas] antes. Quero lhe dizer que você é livre para ser você mesma. Você é totalmente aceita. Você não é esquisita. Você não foi feita para carregar o fardo dos outros. Coloque-os aos pés de Jesus. Não compete a você administrar a ansiedade na sala ou amenizar o conflito. Tudo o que você precisa fazer é ser completamente você mesma.
>
> Minha pequena, é bom chorar, compartilhar, expressar. Não sufoque isso. Você não precisa ser forte para ninguém. Você tem um Pai celestial que será forte por você. Você recebeu a capacidade de pensar de maneira profunda e analisar. Você "não é um peso" para ninguém. Você é perfeita do modo como foi feita.

Sinto muito por tê-la evitado, rejeitado e negado. Sinto muito por nunca tê-la considerado antes. Você é tão jovem e está sedenta para encontrar seu lugar no mundo. Por favor, saiba que você é perfeita como é e que não é um peso para mim. Você é linda, perfeita, adorável de fato. Você não tem de corresponder a nada nem tem de provar nada. Eu amo você, eu amo você, eu amo você!

Com amor,

Eu

As mentiras que a vergonha conta

Como você já deve ter imaginado, crenças ou mentiras distorcidas sobre nós mesmos, sobre os outros e sobre Deus estão no centro da vergonha tóxica.

Quando eu (Jerry) comecei a perceber que a vergonha estava presente em minha própria vida, tive de lidar com mentiras que estavam me influenciando em um nível profundo.

Essas mentiras e a vergonha que delas resulta não começaram com algo que eu fiz — eu era muito jovem. Elas surgiram como resultado de feridas em meus pais, causadas por suas próprias famílias de origem. Eu não queria acreditar nessas mentiras, sobretudo depois de saber o que Cristo havia feito por mim e como o Pai me via. Mas meus melhores esforços para refutá-las eram muitas vezes inadequados.

Um aspecto fundamental da cura da vergonha tóxica é identificar as mentiras a partir das quais agimos e opor-nos a elas com a verdade das Escrituras.[28] Esse é apenas um aspecto de como devemos lidar com a vergonha tóxica, mas é importante.

Pedimos aos nossos pacientes que avaliem com honestidade as coisas nas quais acreditam sobre si mesmos em categorias como valor próprio, rejeição, senso de pertencimento, culpa e traços físicos e de personalidade.

Alguma das seguintes afirmações se aplica a você?

"Eu não me encaixo aqui. Eu sempre estarei do lado de fora, como alguém que olha para dentro."

"Meus sentimentos não contam. Ninguém liga para o que eu sinto."
"Eu sou o problema. Quando algo dá errado, a culpa é sempre minha."
"Ninguém nunca se importará comigo pelo que sou. Se você conhecesse meu verdadeiro eu, me rejeitaria."
"Mesmo quando faço tudo o que está ao meu alcance, não é bom o suficiente. Eu nunca consigo suprir as expectativas."
"Eu tenho de planejar todos os dias da minha vida. Não consigo relaxar."
"Preciso ser passivo para evitar conflitos que possam arriscar a desaprovação de outras pessoas."
"Tenho de usar uma máscara para que as pessoas não vejam quem eu sou de verdade e, com isso, rejeitem-me."

Outras mentiras se evidenciam mais em nossos relacionamentos com os outros e com Deus.

Alguma dessas se aplica a você?

"Eu tenho de guardar e esconder minhas emoções."
"Não posso dar a ninguém a satisfação de saber que me machucou."
"Se uma pessoa me ofende, a maneira correta de responder é puni-la, afastando-a ou excluindo-a."
"Meu valor é totalmente baseado no julgamento que os outros fazem de mim."
"Se eu deixar alguém se aproximar de mim, posso ficar com o coração partido de novo, e não posso correr esse risco."
"Estou completamente sozinho; ninguém virá me socorrer se eu precisar de ajuda."
"Deus ama os outros mais do que ama a mim."
"Por mais que eu tente, nunca serei capaz de agradar a Deus."

É possível que você já saiba, em sua mente, que uma declaração dada não é verdadeira. Mas uma resposta racional e inteligente não é o que conta aqui. Em vez disso, pergunte-se: "Minha vida segue na direção de alguma dessas mentiras, sobretudo quando não estou bem emocionalmente?" Em outras palavras: "Luto por dentro contra algum desses pensamentos e sentimentos prejudiciais?"

IMPORTANTE: Ao discutirmos as mentiras que estão na base da vergonha tóxica, lembre-se de que *não estamos lidando apenas com problemas emocionais, mas também com problemas espirituais.*

As mentiras que existem em nosso coração formam argumentos ou fortalezas espirituais que se levantam contra o conhecimento de Deus (2Co 10.5). Quando reconhecemos essas mentiras para o Pai e declaramos a verdade de Deus ao nosso coração — a mensagem em que *ele* deseja que acreditemos —, damos o primeiro passo para demolir a fortaleza que essas mentiras colocaram sobre nós.

No entanto, embora seja importante refutar a mentira, isso não é suficiente. Podemos tratar do problema de forma lógica, mas um argumento lógico não mudará o coração. Se quisermos que a verdadeira cura ocorra, o amor do Pai deve chegar aos lugares — muitas vezes, lugares que se formaram muito cedo — onde a ferida ocorreu.

Durante minhas sessões com um conselheiro pastoral muitos anos atrás, eu (Jerry) tomei conhecimento de feridas da infância, baseadas em mentiras, que estimulavam meu comportamento adulto. Foi uma revelação fundamental.

Eu não estava louco; meus problemas existiam por uma razão, e saber disso me trouxe alívio. Também me deu esperança de cura. Se essas coisas estavam escritas em livros sobre cura emocional, então eu não era o único com problema, e as pessoas de fato eram curadas. Contudo, se eu tivesse parado só nesse conhecimento, a cura mais profunda de meu coração não teria ocorrido.

Na Bíblia, é descrito o processo completo de cura desta forma:

> [Jesus] acenderá a vida do Reino em vocês, um fogo interior, o Espírito Santo dentro de vocês, operando a mudança de dentro para fora. Ele vai limpar a casa. Fará uma varredura completa na vida de vocês. Tudo que for *autêntico* será posto no lugar certo, na presença de Deus; o que for *contrário à verdade* será jogado fora com o lixo, para ser queimado. (Mt 3.11-12 MSG; ênfase, em itálico, adicionada)

Citando o profeta Isaías, o Evangelho de Lucas revela o modelo do projeto de transformação de Jesus em nosso coração e em nossa vida:

Tornem o caminho [nosso destino] plano e reto [com as boas novas incríveis de que Deus está *conosco* e *é por nós*]! Toda estrada esburacada [de nosso passado] será consertada [toda mentira será removida, e toda vergonha, coberta pela graça de Deus], todo obstáculo será eliminado [nossos medos serão destruídos, e a confiança será estabelecida], os desvios [nossas escolhas pecaminosas] serão alinhados [com um vislumbre de nosso destino diante de nós], todas as estradas de terra serão pavimentadas [Jesus prepara um novo caminho para nosso verdadeiro eu — nosso eu que é filho de Deus — renascer]. (Lc 3.5-6 MSG; o texto entre colchetes é um acréscimo nosso)

Este é um momento apropriado para compartilhar um relatório de acompanhamento de uma de nossas pacientes, Stacie, após um retiro de terapia de dois dias que transformou seu coração:

Logo após minha viagem para ver vocês, visitei meus pais. Kinsey, minha filha de seis anos, estava comigo. Fiquei surpresa quando me dei conta de como era emocionalmente difícil ir para casa e ficar com meus pais. Eu me senti vulnerável e fiquei um pouco irritada.

Uma noite, enquanto estávamos lá, Kinsey estava brincando com um lençol velho pelo chão. Ela o usava como patins e deslizava, dançante, pela casa. Meu pai lhe disse: "O que você está fazendo? Por que você está fazendo isso com o lençol?"

Normalmente, eu a fazia parar, porque ela havia incomodado meu pai. No entanto, olhei para ele e disse: "Pai, ela não está fazendo nada de mais. Ela só está fazendo o que as crianças fazem: se divertindo". E sabem o que ele me disse? "Ah, tudo bem."

Foi isso! Foi tudo o que ele disse! Que momento incrível para mim!

Muita coisa aconteceu nessa troca de palavras! Primeiro, fui capaz de defender Kinsey — o que significa que fui capaz de defender também aquela menininha dentro de mim! Segundo, estou empolgada porque consegui reconhecer que Kinsey estava apenas sendo criança e desfrutando da liberdade de brincar. Esse é um desafio constante para mim, mas acredito que estou melhorando.

Depois que voltamos da casa de meus pais, tive outra experiência interessante com Kinsey. Enquanto estávamos no carro, tivemos uma conversa sobre comida. Ela não gosta de comer vegetais, então eu disse que ela não teria sobremesa se não os comesse. Enquanto a conversa seguia, ela começou a chorar e me disse: "Eu me sinto como a ovelha negra da família. Ninguém quer saber de mim".

Uau! Isso realmente me chocou. De imediato, uma das mensagens sobre vergonha que ouvi quando tinha a idade dela me veio à lembrança: "Não há nada que você possa fazer para que Deus a ame menos — nada — N-A-D-A!" Então fui para o acostamento e parei o carro. Saí, fui até Kinsey no banco de trás e a abracei. Pude dizer que ela não é a ovelha negra da família e que eu a escolheria! Eu queria saber dela! (Tão bobo, eu sei!) Então, depois de mais alguns minutos de abraços, continuamos nosso caminho.

Stacie havia compartilhado antes conosco que, durante os momentos em que precisava disciplinar Kinsey (que, a essa altura, já estava chorando), uma parte dela queria apenas abraçar a filha. Mas ela achava que precisava dar algumas palmadas na menina, porque lhe competia ensiná-la coisas sobre o pecado. Agora ela havia percebido que o que precisava ensinar a Kinsey, acima de tudo, eram coisas sobre *amor*.

Como a vergonha destrói nosso relacionamento com Deus

A vergonha tóxica exige um preço exorbitante de nossa vida. Custa-nos amor, amizades, aceitação, esperança e conexão. O pior de tudo é que ela nos priva de um relacionamento íntimo com Deus.

A vergonha nos leva a ver o Pai através de lentes distorcidas e, assim, impede-nos de receber o amor que ele tem por nós. Em vez de simplesmente gostarmos de *estar* com Deus, como nossa fonte transbordante de um relacionamento amoroso com ele, acabamos por fazer coisas para ele a fim de lhe agradar e conquistar seu amor. Então, quando, por fim, ficamos cansados ou deprimidos, nós nos queixamos: "Fiz todas essas coisas para Deus, mas não recebi nada em troca. Ele deve estar desapontado comigo".

A vergonha nos mantém presos nessa mentalidade e nesse ciclo infrutífero. Em nossa caminhada diária com Deus, nós nos vemos comparando as bênçãos e os dons de outras pessoas com os nossos; a cura delas com a nossa; o fruto do trabalho delas com o nosso. Vemos os outros como pessoas que têm o favor de Deus, ao contrário de nós. Outros recebem as palavras e a ajuda de Deus que nós gostaríamos de ter; experimentam o amor de Deus de várias maneiras mais evidentes do que acontece conosco. Nós nos sentimos rejeitados, abandonados, sem valor, sozinhos, envergonhados e derrotados. A mensagem central nos atormenta: *Deve haver algo inerentemente errado comigo para que Deus não me ouça, nem me veja, nem fale comigo, nem me toque, nem me abençoe.*

Um momento de reflexão

Ao encerrarmos este capítulo, gostaríamos de compartilhar um poema formidável que adaptamos para as sessões de terapia. Ele deixa bem claro o poder daquilo que descrevemos neste capítulo. A dura verdade no último verso é, sobretudo, forte: *a vergonha destrutiva rouba nossa identidade e frustra nosso destino.*

MEU NOME É VERGONHA TÓXICA

Eu estava lá em sua concepção.
Você me sentiu no fluido do útero de sua mãe.
Eu fui ao seu encontro antes que você pudesse falar—
antes que você entendesse,
antes que tivesse alguma maneira de saber.
Eu fui ao seu encontro quando você estava aprendendo a andar—
quando você estava desprotegido e exposto,
quando você estava vulnerável e carente,
antes que você tivesse qualquer limite.
Meu nome é *Vergonha tóxica*!

Eu fui ao seu encontro antes que você pudesse saber que eu estava lá.
Arranquei sua alma.

Eu o transpassei até chegar ao seu íntimo.
Trouxe sentimentos de falha e imperfeição.
Trouxe sentimentos de desconfiança, feiura, imbecilidade, dúvida —
sentimentos de falta de valor, inferioridade e indignidade.
Fiz com que você se sentisse diferente.
Eu lhe disse: "Há algo errado com você".
Manchei sua semelhança com Deus.
Meu nome é *Vergonha tóxica*!

Eu sou a voz interior que lhe sussurra palavras de condenação.
Eu vivo em segredo —
na escuridão profunda da depressão, do desespero e da solidão.
Eu me aproximo de fininho de você.
Eu o apanho desprevenido.
Entro pela porta dos fundos,
sem ser convidada, sem ser desejada.
Eu sou a primeira a chegar para lhe dizer: "Você nunca será capaz.
Você nunca se sentirá em casa".
Meu nome é *Vergonha tóxica*.

Eu venho de cuidadores que abandonam, ridicularizam, abusam,
negligenciam, rejeitam e ignoram.
Minha força vem da intensidade traumática da crítica dos pais,
dos comentários cruéis de irmãos,
da humilhação debochada de outras crianças,
de seu estranho reflexo no espelho,
do toque que parece repulsivo e assustador,
do tapa, do beliscão, do dedo acusador que rompe a confiança.
Eu faço com que você se sinta sem esperança,
Como se não houvesse saída.
Meu nome é *Vergonha tóxica*.

Minha dor é tão insuportável que você precisa me passar para os outros.

Por meio do controle, do perfeccionismo, do desprezo, da crítica,
da culpa, da inveja, do julgamento, do poder e da raiva,
minha dor é tão intensa.
Você deve me cobrir com máscaras, vícios, realizações, papéis
rígidos, raiva, defesas e religião.
Eu transformo quem você é naquilo que você faz e tem.
Eu mato sua alma, e você me passa por gerações.
Eu destruo sua identidade.
Eu apago seu destino.
Meu nome é *Vergonha tóxica*.[29]

ORAÇÃO

Pai, eu quero ser inteiro. Quero me ver do modo como tu me vês e me amar do modo como tu me amas. Senhor, se houver alguma vergonha destrutiva e tóxica dentro de mim que me impeça de poder fazer isso, peço que a reveles para mim.

Peço isso para que eu possa, por fim, andar na liberdade que desejaste para mim quando enviaste teu Filho Jesus para restaurar todas as coisas — inclusive eu.

Quero me libertar das mentiras que ainda me afetam e influenciam minha capacidade de amar a ti, a mim mesmo e aos outros. E eu sei que, se tu revelares esse tipo de vergonha em mim, já será teu plano, no final, curar-me dos efeitos dela.

Por favor, faz o que quiseres em mim. Obrigado por teu amor. Peço tudo isso em nome de teu Filho, Jesus. Amém.

O MANDAMENTO ESQUECIDO: AME A SI MESMO

QUESTÕES PARA REFLEXÃO

1. Reveja as perguntas na seção *Faces da vergonha tóxica*. À qual pergunta você respondeu *sim*? Você já havia relacionado esses sintomas com a vergonha tóxica?
2. Como você descreve a diferença entre vergonha saudável e vergonha tóxica?
3. Mensagens de vergonha podem ser ditas e comunicadas silenciosamente, por meio de um olhar, um gesto ou uma careta. Com que mensagens de vergonha você se lembra de ter crescido? Existem mensagens que você interiorizou que não estão incluídas neste livro?
4. Na seção *As mentiras que a vergonha conta*, quais declarações refletem a maneira como você se sente ou o que ouviu? Como sua vida seria diferente se essas mentiras fossem silenciadas?
5. Como a vergonha tóxica afetou seu relacionamento com Deus?
6. Releia o poema *Meu nome é Vergonha tóxica*. Como as faces da vergonha que ele descreve afetam você? Talvez você queira registrar alguns de seus pensamentos em seu diário.
7. Peça ao Pai para curar sua identidade e restaurar seu destino — o destino que ele teceu no ventre de sua mãe.
8. Faça a oração final de todo o seu coração.

CAPÍTULO 9

O BOM SOFRIMENTO: DO PERDOAR-SE AO ACEITAR-SE

Quando convidei Jesus para entrar em minha vida, pensei que ele chegaria, colocaria algum papel de parede e penduraria alguns quadros. Mas ele começou a derrubar paredes e acrescentar cômodos. Eu disse: "Eu estava esperando uma bela casa de campo". Mas ele respondeu: "Eu estou construindo um palácio".
—C. S. Lewis

Ao se perdoar, você reescreve seu roteiro. O que você é na cena atual não está ligado ao que você foi em uma cena anterior. O vilão que você interpretou no Primeiro Ato sai de cena, e você passa a interpretar um mocinho no Segundo Ato.
—Lewis Smedes

O sofrimento diz "isso importa"

A perda é uma parte inevitável da vida. Em um momento ou outro, todos nós a experimentamos. Nossas perdas podem atrapalhar nosso crescimento e nosso destino, ou podem ajudar-nos a avançar para a plenitude. Para que possamos curar nossas feridas do passado, devemos ser capazes de sofrer por nossas perdas.

Você pode perguntar: "Por que tenho de sofrer? Ser curado deveria trazer alegria e satisfação, e não tristeza e sofrimento". Sim, alegria, satisfação e gratidão são consequências importantes no processo de cura, e você irá experimentá-las às vezes nessa jornada. Mas ser capaz de sofrer ainda é vital.

Duas de nossas frases favoritas expressam essa verdade: "Você deve sofrer para dar o assunto por encerrado" e "você não pode se curar completamente daquilo que não pode sentir de fato". Quando você se permite sentir dor ou tristeza como consequência de uma perda, está atribuindo valor a essa perda. Você está dizendo que aquilo importava.

Sofrer por perdas, sobretudo pelas significativas, é normal. Se você não sofre ou não irá sofrer, terá dificuldade em chegar a uma posição de aceitação e abraçar o que está reservado para o seu futuro. Seu coração será afetado de maneira negativa.

Por outro lado, o sofrimento eficaz e piedoso leva à aceitação de si mesmo, de seu passado e dos outros. Também permite que você se liberte de padrões pouco saudáveis de relacionamento que podem estar vinculados à dor não tratada.

Eu (Jerry) passei um tempo muito difícil de sofrimento pelas perdas em minha vida. Só aos 36 anos de idade entendi o que de fato era a perda e que o sofrimento não era apenas bom, mas necessário. Embora eu tivesse vivido perdas diferentes até aquele momento, o que, por fim, ajudou-me a enfrentar o sofrimento foi o fato de que Deus me permitiu ver o impacto de minhas feridas nos primeiros anos de infância.

Eu não tive as coisas de que precisava; tive, no entanto, coisas de que não precisava; e ambos os lados dessa equação eram importantes para mim e também para Deus. Quando parei de negar e minimizar meu passado e permiti que o sofrimento ocorresse, pude, por fim, *sentir* o impacto de minhas perdas.

Um dos desafios do sofrimento pode ser as próprias feridas. Se você aprende, quando criança, que é melhor não se permitir ter sentimentos desagradáveis, e se logo se esquece das coisas ruins que lhe acontecem, então mantém o mesmo padrão à medida que envelhece, a menos que algo interfira para mudar isso. Em meu caso, esse "algo" foi o Espírito Santo.

Quando eu tinha 33 anos, ele se mudou para minha "casa do coração" e começou a remover algumas coisas e a trazer coisas novas. Ele fez o que faz por todos os que depositam a confiança nele: deu-me um *novo coração* (Ez 36.26). E, ao fazer isso, o Espírito Santo me deixou começar a ver e a sentir as coisas de *sua* perspectiva, de seu coração. Ele me mostrou que eu era importante, e, portanto, o que havia acontecido comigo quando eu era criança era importante para ele. E, uma vez que isso era importante para ele, também deveria ser importante para mim. Quando permiti que o Espírito me mostrasse *por que* isso era importante — o custo —, por fim, pude começar a sofrer.

Entendendo o processo de sofrimento

Em seu livro clássico *On Death and Dying* [Sobre a morte e o morrer],[30] Elisabeth Kubler-Ross identifica cinco estágios distintos do sofrimento [do luto]:

- *Negação* ("Isso não está acontecendo comigo." "Não dá para acreditar.")
- *Raiva* ("Por que isso está acontecendo comigo?" "Isso não é justo." "Isso está errado.")
- *Barganha* ("Eu prometo que serei uma pessoa melhor se _____." "Se você apenas _____, então eu _____.")
- *Tristeza* ("Perdi algo de valor." "Isso dói." "Isso era importante.") ou *depressão* ("Eu já não estou nem aí." "Não consigo mais lutar contra isso.")
- *Aceitação* ("Estou pronto para o que der e vier." "O futuro ainda reserva outras coisas para mim.")

O sofrimento não é um processo fácil; pode ser algo bem confuso. É um emaranhado de emoções — ansiedade, tristeza, confusão, decepção, culpa, medo, raiva, vazio, negação, desamparo, depressão, apatia, pavor e dormência, só para citar alguns.

Às vezes, podemos começar a ter esses sentimentos e sair deles rapidamente. Também podemos ficar presos a algum deles. O sofrimento não é linear; não flui de maneira ordenada de um estágio para o outro. Em vez disso, podemos avançar e regredir entre dois ou mais estágios antes de chegarmos, por fim, à aceitação.

A extensão de nosso sofrimento também varia de acordo com a magnitude percebida de nossa perda. Por exemplo, é provável que o sofrimento de perder um dos pais, já idosos, seja diferente daquele [que um pai experimenta] decorrente da morte súbita de um filho. Além disso, o tempo necessário de luto varia de pessoa para pessoa; não há um número mágico, como seis meses ou um ano.

Por fim, mesmo quando sofremos uma perda de maneira adequada, isso não significa que nunca mais sentiremos dor ao pensar nessa perda no futuro. No entanto, a intensidade de nossas emoções será muito menor e não deverá afetar nosso modo de agir, como pode acontecer durante um sofrimento precoce e intenso por uma perda maior.

O sofrimento é bíblico?

O ato [resultante] do sofrimento — também chamado de *lamento* na Bíblia — aparece com destaque no Antigo e no Novo Testamento. No Antigo Testamento, há várias referências ao sofrimento, tanto das pessoas quanto de Deus. Deus sofreu por causa da pecaminosidade e da rebelião da humanidade (Gn 6.6-7; Is 63.10). Muitos dos salmos expressam o lamento do povo de Deus (veja Sl 13; 42—43 como exemplos).

Em Marcos 3.5, no Novo Testamento, é dito que Jesus estava "entristecido" por causa da dureza de coração daqueles que se opunham à cura que ele realizava no sábado. Em Lucas 19.41, lemos que quando Jesus se aproximou de Jerusalém, ele chorou pela cidade, sabendo do custo em que seu povo incorreria por não o reconhecer nem responder bem a ele e à sua mensagem de vida. Quando viu Maria e outros chorando junto ao túmulo de Lázaro, Jesus "agitou-se no espírito e perturbou-se" (Jo 11.33); e, poucos minutos antes de ressuscitar Lázaro dentre os mortos, "Jesus chorou" (Jo 11.35).

Em Mateus 5.4, Jesus incluiu o tema do lamento nas bem-aventuranças, quando disse: "Bem-aventurados os que choram, pois serão consolados". E, em Romanos 12.15, Paulo nos exorta: "Alegrem-se com os que se alegram; chorem com os que choram".

Como Deus me encontrou em meio ao meu sofrimento: uma história pessoal

No dia seguinte em que eu (Denise) perdi o nosso único filho devido a um aborto espontâneo, eu estava nos primeiros estágios do sofrimento: entorpecida, questionando Deus e sem acreditar no que havia acabado de acontecer. O telefone tocou, e eu atendi. Do outro lado estava uma mulher, em prantos. Depois de alguns minutos, percebi que era minha irmã mais velha. Ela nem conseguia falar — apenas chorava. E eu chorei com ela.

Que presente de Deus foi seu telefonema para mim naquele dia! Naquele momento, minha irmã era o coração de Deus manifestado a mim. Deus chora quando eu choro. Eu amo isso em Deus. No Salmo 56.8, lemos: "Registra, tu mesmo [Deus], o meu lamento; recolhe as minhas lágrimas em teu odre; acaso não estão anotadas em teu livro?"

Depois de perder o bebê, também recebi outras ligações de pessoas exultantes com o fato de meu filho estar no céu. Essas pessoas se alegravam enquanto eu estava de luto. Eu me senti ferida e mais sozinha, incompreendida e julgada por elas. Mais tarde, tive de perdoá-las pela mágoa que senti e liberá-las.

Muitas vezes depois de perder o nosso bebê, perguntei a Deus: *Por quê?* Eu era como uma criança petulante que exigia, sem parar, um motivo: "Por quê? Por quê? Por quê?" Mas eu, na verdade, não queria entender; eu queria que Deus mudasse minha esterilidade. Mais tarde, em meu processo de cura, tirei essa responsabilidade de Deus e pedi que ele me perdoasse. Ele me mostrou que não havia explicação alguma que ele pudesse me dar para satisfazer meu *por quê?*. Então, aprendi a viver com o mistério de Deus e, durante o processo, aprendi a aceitar [a perda].

Por que sofrer pelas feridas da infância é tão importante

Sofrer devido a feridas ocorridas na infância pode parecer menos importante do que sofrer pela morte de um ente querido. Mas fazer isso é essencial para que haja cura. Quando oramos com nossos pacientes por isso, pedimos a Deus que o sofrimento não seja "nem mais nem menos do que o necessário".

O desejo das pessoas de experimentarem a plenitude da intervenção de Jesus no processo de cura às vezes pode fazer com que elas espiritualizem em demasia o que ocorre e evitem o sofrimento necessário.

Por exemplo, alguém que busca oração por cura interior pode experimentar o mover do Espírito Santo de maneira significativa. A pessoa tem um encontro genuíno com Jesus, que se revela em meio a uma dolorosa memória infantil. Como resultado, ela recebe uma grande medida de cura. Pode-se concluir que, como resultado do tempo de oração, a pessoa foi completamente curada.

Mas, quando essa conclusão é alcançada de maneira prematura e o processo de sofrimento é evitado, a cura profunda — e o fruto de um coração transformado — pode não ocorrer. O sofrimento é ainda mais ignorado quando as feridas da infância resultam de atos de omissão (falta de amor, de afeição e de direção) *versus* atos de comissão (como abuso verbal, físico e sexual).

Durante minha jornada pessoal de cura, eu (Jerry) vivenciei momentos em que Deus "se manifestou" durante a oração por cura. Esses encontros foram partes importantes do processo, e sou grato por eles, tanto a Deus quanto àqueles que os facilitaram. Contudo, conectar-me com minha dor e permitir que a tristeza viesse à tona ainda era essencial. Se eu não tivesse feito isso, a cura de meu coração não teria sido tão eficaz.

A ira como um indicador

A ira é uma emoção importante no processo de sofrimento [ou de luto] bem como na vida. No entanto, ela muitas vezes é mal compreendida e mal administrada. Muitas pessoas que se sentem iradas por dentro podem negar a ira, tentar minimizá-la ou racionalizá-la. Mas suprimir a ira apenas inibe e atrasa o processo de cura.

É bíblico expressar ira? Nas Escrituras, somos advertidos contra a ira destrutiva e pecaminosa e muitos exemplos dessa ira são dados. No entanto, em muitas outras passagens na Bíblia, sobretudo em Salmos, a ira adequada é exemplificada (veja, por exemplo, Sl 69; 109). O profeta, Jeremias, expressou com clareza a ira que estava sentindo de Deus (Jr 20.7-18). Jesus demonstrou grande ira quando purificou o templo, mas não pecou (Jo 2.13-16). O apóstolo Paulo nos diz, de maneira clara, que podemos ficar irados, mas também que devemos evitar pecar devido à nossa ira (Ef 4.26).

Embora possa se tornar destrutiva e ter vida própria, a ira, em geral, serve apenas como um indicador de emoções mais profundas de dor, medo e decepção que estão enraizadas em nossas feridas. Se estas ocorreram durante a infância ou mais tarde na jornada da vida, farão com que nos sintamos, por conseguinte, traídos, rejeitados, abandonados, não aceitos, inseguros ou inadequados. A ira autêntica é um sentimento impetuoso que nos diz que algo importa — e essas emoções importam. Muitas vezes, a ira é o que nos guia à fonte de nossa dor, ao local onde o Pai deseja trazer a cura.

Deus virá ao nosso encontro em nossa dor e raiva

Em várias ocasiões com nossos pacientes, Deus revelou sua presença de várias maneiras surpreendentes. Estávamos atendendo uma mulher que processava uma grande dor, decorrente do abuso sexual que sofreu na infância pelo pai, além de feridas profundas causadas por outras pessoas. Enquanto nos preparávamos para uma sessão específica, pedimos que ela fizesse uma lista de pessoas de seu passado que ela precisava perdoar. Quando a sessão iniciou, ela começou a perdoar o pai pelos abusos que ele havia cometido. Ela começou a ficar cada vez mais irada — e seu foco mudou de seu pai humano para Deus. Ela lhe disse como estava brava com ele por não a ter protegido nem se importado com ela.

Quando a ira que nossa paciente sentia de Deus ficou mais intensa — misturada com lágrimas —, o Senhor se fez presente na sala. Nós três ficamos impressionados; foi um momento poderoso de expectativa. O Pai veio e derramou seu amor compassivo sobre sua filha irada e de coração partido, que se derreteu na presença de Deus no mesmo instante. Nós três começamos a chorar quando ela descreveu como Deus veio, pôs os braços ao seu redor e abraçou-a.

Alguns dos momentos mais íntimos que eu (Jerry) tive com Deus ocorreram nos momentos mais dolorosos e complicados de minha jornada de cura. Muitas vezes eu estava irado — com os outros e, às vezes, com Deus por não terem estado ao meu lado para me ajudar. Ter um pai irritado me fez rejeitar completamente a ira. No entanto, a ira ainda supurava dentro de mim e precisava ser tratada, então Deus iniciou este processo.

Deus não está tão preocupado com a ira em si, contanto que não machuquemos a nós mesmos ou outros com ela. Deus está mais preocupado em revelar e curar as causas fundamentais da ira. Devemos convidá-lo a entrar em nossa dor — e em nossa ira — e permitir que ele faça o que faz melhor: curar aqueles que estão com o coração partido e libertar os cativos.

O processo de perdão: avaliando o custo

O sofrimento não é importante apenas quando processamos as perdas. Também é essencial quando processamos o perdão. Quando sofremos, temos consciência daquilo que a perda nos custou. No caso de feridas da infância, colhemos as consequências de não termos recebido o que precisávamos ou de termos recebido coisas que estavam prejudicando-nos.

O verdadeiro perdão em nosso coração exige que nos conectemos com o impacto dos pecados cometidos contra nós ou por nós. Como diz Neil Anderson, em *Ministering the Steps to Freedom in Christ* [Ministrando os passos para a liberdade em Cristo][31]: "Você permite que Deus traga à superfície as emoções dolorosas que sente em relação àqueles que o machucaram". Por essa razão, em geral não levamos um paciente a perdoar os outros logo no início do processo de cura. Para a maioria de nossos pacientes, o *desejo* de perdoar já existe em seu coração, e Deus sabe disso. Mas o perdão vai além do que simplesmente dizer que perdoamos. Devemos orar pronunciando nossas palavras de perdão com *significado no coração*.

Quando perguntamos a um paciente: "Quanto custou essa ferida?", estamos pedindo que ele olhe não apenas para o impacto que ela teve sobre ele na infância, mas também para o que ela lhe custou nos anos que se seguiram: relacionamentos fracassados, divórcio, problemas no local de trabalho, dificuldade em conectar-se com Deus, lutas contra vícios, feridas em seus próprios filhos ou talvez apenas a incapacidade de viver da maneira que Deus intentou.

Não estamos sugerindo que outras pessoas são responsáveis pelas respostas pecaminosas de alguém a feridas do passado. Pelo contrário, estamos mostrando que essas feridas podem colocar tal pessoa em um caminho prejudicial que a torna propensa a um pecado ou a uma luta em particular.

Quando ajudamos nossos pacientes ao longo do processo de perdão, enfatizamos que o próprio Jesus estava bem ciente do custo que sofreria por causa do pecado de outras pessoas. Foi da cruz e no auge de sua dor mais profunda que ele proferiu as palavras: "Pai, perdoa-lhes, pois não sabem o que estão fazendo" (Lc 23.34).

Se um paciente não consegue conectar-se emocionalmente aos custos que sofreu, não necessariamente esperamos que isso aconteça para iniciarmos o trabalho de perdão. No entanto, percebemos que pode haver um tempo de maior conexão emocional no futuro, e o perdão precisará ser retomado.

Quando levamos um paciente ao perdão, pedimos que ele verbalize isso, citando o nome da pessoa que está sendo perdoada, o pecado que ela cometeu e o impacto desse pecado: "Eu perdoo você, _____, por _____. Isso fez com que eu me sentisse _____".

Pedimos ao paciente que seja o mais específico possível, em vez de oferecer um tipo de perdão genérico. Por exemplo, um paciente pode dizer algo como: "Eu perdoo você, *pai*, por *ter estado ausente o tempo todo e por não ter estado ao meu lado na minha infância*. Isso fez com que eu me sentisse *indesejado, sem valor, rejeitado, nem um pouco especial...*"

Também podemos pedir à pessoa que acrescente: "Na posição em que estou agora, escolho perdoá-lo(a) e liberá-lo(a)".

Tenha em mente que o processo de perdão que compartilhamos aqui é um ato realizado entre o paciente e Deus. Somos apenas facilitadores.

Perdoar-se: a chave para amar e perdoar os outros

A necessidade de se perdoar e de se aceitar que vem a seguir é muitas vezes mais forte do que a necessidade de perdoar os outros. No entanto, ela muitas vezes escapa ao radar de nossa autoconsciência.

A base deste livro é que, para amar de fato os outros, devo ser capaz de amar a mim mesmo e estar disposto a isso. O mesmo se aplica ao processo de se perdoar. Se quero perdoar os outros, então devo ser capaz de me perdoar e estar disposto a isso.

Jesus disse: "Ame o próximo como [tanto quanto] a você mesmo" (Mc 12.31 MSG). Se eu não me amo; antes, sou duro comigo, é como se eu estivesse reformulando o que Jesus disse: "Seja tão duro com os outros quanto você é consigo mesmo". "Odeie os outros como você odeia a si mesmo." Ou: "Não mostre graça aos outros assim como você não mostra graça a si mesmo".

É incrível como as pessoas são duras consigo mesmas. Muitas vezes perguntamos aos nossos pacientes: "Se você sentisse ódio de outra pessoa ou aversão por ela, isso seria um problema para você?" Em geral, a resposta é: "É claro. Eu me sentiria mal com isso e tentaria perdoar essa pessoa e lidar com qualquer ressentimento que tivesse dela". Nossa pergunta seguinte é: "Por que você se trata de maneira diferente? Deus vê seu ódio em relação aos outros como algo inaceitável, mas seu desprezo por si mesmo como algo aceitável?"

Talvez você esteja pensando: "Tudo bem, entendi". Mas, de alguma forma, nós, na verdade, *não* entendemos. O modo como nos vemos e nos sentimos em relação a nós mesmos é muito mais do que uma questão emocional — é uma questão espiritual. E isso interferirá em nossa capacidade de amar a Deus e de viver em liberdade.

Brennan Manning, em seu livro *The Signature of Jesus* [A assinatura de Jesus], fala sobre sua própria necessidade de autoaceitação. Ele estava indo da Flórida para Iowa quando a rota de seu avião foi alterada para Kansas City, por causa do mau tempo. Eis o que ele compartilhou:

> Eu estava andando pelo terminal com meu colarinho de clérigo quando um homem se aproximou de mim e perguntou se podia se confessar. Nós nos sentamos na relativa privacidade da sala da *Delta Crown*, e ele começou. Sua vida havia sido marcada por um pecado grave. No meio da confissão, ele começou a chorar. Ao abraçá-lo, eu me vi em lágrimas, assegurando-o da alegria do Reino com o retorno de um pecador arrependido e fazendo-o se lembrar de que o *filho pródigo* experimentou uma intimidade com o pai que o irmão dele, irrepreensível e moralista, nunca experimentara.
>
> O rosto do homem se transformou completamente. O amor misericordioso do Deus redentor penetrou a culpa e o ódio que aquele homem tinha de si mesmo. Fiz uma oração de ação de graças pelo perdão insuperável, pela paciência infinita e pelo terno amor do Senhor. O homem chorou de alegria. Quando nos separamos, seu rosto tinha o brilho de um pecador salvo.

O bom sofrimento: do perdoar-se ao aceitar-se

Enquanto apertava o cinto de segurança no DC-10, ouvi uma voz interior como um sino tocando profundamente em minha alma: *Brennan, você faria por si mesmo o que acabou de fazer por seu irmão? Você se perdoaria, se aceitaria e se amaria de modo tão afoito e entusiasmado?*[32]

Em seu livro *Total Forgiveness* [Perdão total], R. T. Kendall afirma que "a graça não é graça se tivermos que ser bons o suficiente para que ela se aplique a nós". Eis o que ele compartilha sobre o perdoar-se:

Moisés teve um passado. Ele foi um assassino (veja Êx 2.11-12). Contudo, anos mais tarde, ele proclamaria o oitavo mandamento: "Não matarás" (Êx 20.13). Davi teve um passado, mas também teve um futuro depois da vergonha: "Então ensinarei os teus caminhos aos transgressores, para que os pecadores se voltem para ti", escreveu ele (Sl 51.13). De caso pensado, Jonas fugiu de Deus, mas, mesmo assim, foi usado em um avivamento surpreendente (Jn 3). A desgraça de Pedro — negar Jesus — não abortou os planos de Deus para ele. Mas todos esses homens tiveram de se perdoar antes de poderem avançar para o ministério que Deus havia planejado para eles.[33]

À medida que ajudamos nossos pacientes a se conectarem com as feridas da infância e a estenderem o perdão conforme for necessário, eles em geral precisam lidar com suas próprias respostas pecaminosas às feridas que sofreram. Muitas vezes, percebem de forma mais clara onde feriram seus próprios filhos. Em alguns casos, podem ser levados a procurar os filhos (que, muitas vezes, são adultos agora), a reconhecer a tristeza pela forma como os feriram e a pedir-lhes perdão.

Para que isso seja feito do fundo do coração, os pacientes devem ser capazes de perceber — de fato perceber — que eles mesmos foram perdoados por Deus e são totalmente aceitos por ele; e também devem ter-se perdoado de fato.

Se a questão do perdoar-se ainda estiver em andamento e não foi resolvida no coração de um paciente, em geral é melhor esperar um pouco mais antes de pedir perdão aos outros. Caso contrário, o perdão que uma pessoa busca dos outros pode, de modo inconsciente, ser egoísta, motivado por um desejo que a pessoa tem de sentir mais que perdoou a si mesma.

Quando formos capazes de sentir o impacto do pecado — não apenas o que foi feito contra nós, mas também o que nós mesmos fizemos a nós ou deixamos de fazer —, também seremos capazes de sentir um pouco da dor de Deus. Experimentamos o que Paulo chamou de "a tristeza segundo Deus . . . que leva à salvação [mudança revigorante]" (2Co 7.10). Ao permitirmos que o Pai nos conduza nesse processo, sempre lembrando quem somos nele, chegaremos, por fim, a uma posição de autoaceitação.

No entanto, se a vergonha tóxica e o desprezo próprio mantiverem um forte domínio sobre nós, não chegaremos à autoaceitação; em vez disso, acabaremos presos em uma tristeza segundo o mundo e o mundo e pecaminosa, a qual leva à morte (2Co 7.10).

Portanto, é bom que lembremos qual é o principal objetivo de Deus quando lidamos com a questão de amar, perdoar e aceitar a nós mesmos: ele deseja mais do nosso coração. Ele deseja que o nosso coração esteja disponível para receber seu amor e amá-lo reciprocamente, e, assim, poder amar aos outros. Se algo, porém, estiver nos levando na direção oposta, então precisaremos parar e pedir a Deus que nos redirecione para o que é de fato dele e, por fim, traga vida.

Orando para que você perdoe a si mesmo

Se você acha difícil se perdoar, se libertar e se aceitar completamente como Deus faz, tente fazer a seguinte oração:

Senhor, eu te agradeço por eu ser tão especial para ti e porque me perdoas de forma gratuita e escolhes já não te lembrares de meus pecados nem das maneiras como não amo como tu amas. Assim como estendes a tua misericórdia gratuitamente a mim, também escolho conceder essa mesma misericórdia a mim mesmo. Escolho me perdoar e não me julgar nem sentir desprezo por mim mesmo. Escolho me libertar assim como tu me libertas. Ajuda-me a crer e a falar a verdade sobre mim que tu falaste e confirmaste em tua Palavra. Escolho me aceitar como tu me aceitas. Obrigado por esta dádiva que vem de teu coração. Amém.

Aceitando-se da maneira que Deus o aceita

À medida que aceitamos tudo o que aconteceu conosco, sofremos o impacto disso e passamos pelo processo de perdoar aos outros e a nós mesmos; somos preparados para dar o último passo: *a aceitação*.

Mas, no caso de aprendermos a amar a nós mesmos, não teremos apenas de chegar à aceitação do que aconteceu conosco — também teremos de aceitar a nós mesmos. Sem chegarmos a esse passo final, permaneceremos em conflito emocional e espiritual, porque não estaremos em acordo com o que Deus diz sobre nós.

James Bryan Smith, autor de *Embracing the Love of God* [Experimentando o profundo amor de Deus], descreve a autoaceitação desta maneira:

> Deus escolheu aceitar o que julgamos inaceitável. As partes de nós que nos causam vergonha não envergonham a Deus. Aqui estão as boas novas: ainda que nos sintamos condenados por nosso próprio coração, Deus é maior que ele...
>
> A aceitação de Deus deveria nos levar à autoaceitação. A graça cura nossa vergonha não tentando encontrar algo bom e amável dentro de nós que valha a pena ser amado, mas olhando para nós como somos, bons ou maus, amáveis ou não amáveis, e simplesmente nos aceitando. Deus nos aceita com a promessa de que nunca seremos inaceitáveis para ele. Agora compete a nós fazer o mesmo por nós mesmos.[34]

O apóstolo João nos encoraja com estas palavras:

> Meus filhos queridos, não vamos apenas falar de amor; vamos praticar o amor verdadeiro. É o único modo de saber se estamos vivendo a realidade de Deus. É também o caminho para *acabar com as autocríticas que nos enfraquecem*, mesmo quando procedem. Deus é maior que nosso coração ansioso e sabe mais a nosso respeito que nós mesmos. Amigos, uma vez que isso foi resolvido e *já não mais acusamos nem condenamos a nós mesmos*, podemos chegar à presença de Deus com confiança e liberdade! Podemos estender a mão e receber o que pedimos, porque estamos fazendo o que ele

disse, o que o agrada [o que inclui aceitar a nós mesmos] (1Jo 3.18-21 MSG). [Ênfase, em itálico, adicionada]

Em seu livro *On Loving God* [Sobre amar a Deus], Bernardo de Claraval descreve a maturidade cristã como o estágio em que "nos amamos por amor de Deus".[35] Isso significa que, se Deus diz que somos uma joia em sua coroa, nós somos isso. Se Deus diz que somos a menina de seus olhos, nós somos isso. Se Deus diz que somos amados, amáveis e adoráveis, nós somos isso. Se Deus nos chama de seus amados, adivinhe? Nós somos isso. Aceitar a nós mesmos honra a Deus e o coloca de volta no trono — o Rei onisciente, onipotente, justo e apaixonado.

Uma carta à criança interior

Querido jovem Conner,

Quero que saiba que você não é uma decepção e que não precisa de mudanças, que é aceitável agora, assim como é. Vi uma imagem sua no centro de meu coração esses dias. Havia um monte de lama e sujeira, e eu sabia que você estava debaixo daquilo tudo, apenas esperando para ser resgatado.

Jovem Conner, quero que você saiba que vou tirá-lo de lá — vou encontrá-lo, e o Senhor irá libertá-lo. Não tenho vergonha de você e não tenho vergonha de quem você se tornou. O Pai vai nos dizer quem somos, e nós andaremos livres. Você será um marido ainda melhor, um pai maravilhoso e um homem que ama a Deus. Espere — e você verá —, porque Deus prometeu não fazer nada para você que não fosse o bem, mesmo quando as circunstâncias parecem turbulentas.

Já não tenho mais medo de dizer que amo você e estou confiante em dizer que venceremos. Tenho orgulho de você e de quem você se tornou. E estou começando a entender quem sou em Cristo e em Deus.

O Conner adulto

Uma declaração de autoaceitação

Nós o convidamos a fazer a seguinte declaração sobre quem você é. Leia-a em voz alta e lembre-se de que o que você está lendo está de acordo com o que Deus diz a seu respeito.

Eu sou eu. Sou feito à imagem de Deus, estou só um pouco abaixo dos anjos. Sou único. No mundo inteiro, não há ninguém igual a mim. Isso significa que sou importante para Deus.

Posso me aceitar porque Deus me aceita. Posso me amar porque Deus me ama. Sei que sou importante porque Deus enviou seu Filho, Jesus Cristo, e por meio dele me deu a oportunidade de viver de maneira abundante e eterna.

Não preciso ser perfeito para ser amado, porque Deus me ama como eu sou — imperfeito. Isso significa que sou importante mesmo com minhas pequenas imperfeições e quando cometo erros, mesmo que sejam graves. Posso falhar. Posso tropeçar. Deus ainda diz: "Eu amo você!"

Não preciso ter tudo em ordem ou ter tudo limpo para que Deus me aceite. E, sabendo disso, posso viver comigo mesmo. Tenho esperança de poder levar tudo o que sou e tudo o que tenho a Deus — o que é bom e o que é ruim —, e ele continuará a me ajudar a assemelhar-me cada vez mais à sua imagem.

Posso ser totalmente honesto. Posso ser quem sou como filho de Deus. Espero ansioso pelos planos que ele tem para mim. Com sua ajuda e direção, eu me tornarei um reflexo de seu amor e de sua aceitação em relação a mim mesmo e aos outros.

Por isso, aceito o fato de que sou importante, de que tenho importância e valor. Tenho valor eterno. Eu me amo e gosto de mim, de cada parte, porque escolho amar quem ele ama — e esse sou eu.

Uma última reflexão: crescer para diminuir

À medida que a criança ferida que há dentro de nós cresce e é reconhecida, amada, perdoada e aceita, a criança adulta pode agora ser unificada e amada por nós. Como resultado, nossa verdadeira identidade dada por Deus é capaz de surgir. E, quando isso acontece, algo muito interessante começa a acontecer: nosso eu adulto, que agora tem um eu para oferecer, pode optar por *diminuir* — privilegiar e abençoar os outros, e dar a vida pelos outros. Em outras palavras, a presença de Deus flui — na verdade, transborda — de nós de maneira livre. Nós amamos mais. Amamos a Deus, amamos a nós mesmos e amamos aos outros — o objetivo final.

ORAÇÃO

Senhor Jesus, quero poder sofrer o que também sofreu teu coração. Quero poder viver a partir de um coração que está conectado a ti e à vida, e não simplesmente passar por cima de coisas em meu passado que foram difíceis e dolorosas.

Tu não me criaste para acumular perdas, sejam perdas na infância ou perdas na fase adulta. Tu desejas que eu sinta o que tu sentes e que eu supere minhas perdas, em vez de evitá-las. Preciso de tua ajuda para isso. Preciso saber que tu estarás comigo enquanto permito que me ajudes a "sofrer para dar o assunto por encerrado".

Também preciso de tua ajuda para perdoar os outros e a mim mesmo e para chegar a uma posição de aceitação — não de resignação —, mas de verdadeira aceitação.

Senhor, ajuda-me a me aceitar como tu me aceitas. Ajuda-me a amar de fato o que tu amas: a mim. Em teu nome. Amém.

O bom sofrimento: do perdoar-se ao aceitar-se

QUESTÕES PARA REFLEXÃO

1. Na infância, o que você fazia com sentimentos desagradáveis quando coisas ruins aconteciam? Como você digere a dor e a perda hoje? O padrão mudou?
2. No processo de perdão, acreditamos que é importante pedir ao Espírito Santo que sonde nosso coração, em vez de nós mesmos fazermos isso. Isso não permite que sejamos duros com nós mesmos nem que sintamos desprezo por nós mesmos. Quando estiver pronto para perdoar, use o modelo da seção *O processo de perdão*.
3. Se você deseja perdoar, aceitar e amar a outros, então deve estar disposto a perdoar, aceitar e amar a si mesmo. O que é mais difícil para você? Reserve alguns minutos e ore para que perdoe a si mesmo. Mesmo que você tenha de fazer essa oração várias vezes para que possa interiorizar a verdade contida nela, dê o primeiro passo hoje para reconhecer que deseja concordar com Deus e perdoar a si mesmo.
4. Escreva uma carta de aceitação à criança que há dentro de você. Inclua o que aprendeu e como você vê e se sente em relação a essa parte de você.
5. Releia a oração final. Imagine — e creia — que o Pai está bem ao seu lado, com os braços em volta de você, trabalhando com você para curar o seu coração.

CAPÍTULO 10

MARAVILHOSA GRAÇA: AS BOAS NOVAS SÃO BOAS DEMAIS PARA SEREM VERDADE

Gastei todas as minhas energias tentando superar o idiota que sei que sou por dentro.
—Um jovem lutando contra o ódio que sente de si mesmo

Em nossa atividade, a questão da graça surge inúmeras vezes. Tornou-se impressionantemente óbvio para nós que muitos cristãos verdadeiros que amam a Deus não entendem o verdadeiro significado da graça ou então se abstiveram de recebê-la de modo pessoal. De qualquer forma, eles não conseguem experimentar a realidade do evangelho: as boas novas boas demais para serem verdade que chegaram quando Jesus entrou em nossa vida.

O verdadeiro significado da graça

Examinemos mais de perto a palavra *graça*. Segundo o *Nelson's Illustrated Bible Dictionary* [Dicionário bíblico ilustrado Nelson], *graça* se refere a "um favor ou bondade demonstrada sem levar em consideração ou sem considerar o mérito da pessoa que a recebe e a despeito do que essa mesma pessoa merece"[36].

Pense nos momentos em que você ofereceu graça a um cônjuge, familiar, amigo ou colega de trabalho, e essa pessoa não fez nada para merecê-la. De fato, o próprio ato de oferecer graça implica que ela não era merecida.

A palavra grega para *graça*, no Novo Testamento, é *charis*. De acordo com o *Vine's Expository Dictionary of Biblical Words* [Dicionário Vine], *graça* é "a disposição amigável da qual procede o ato bondoso — com gentileza, benevolência, boa vontade —, sobretudo com referência ao favor divino [de Deus]"[37].

Deus nos oferece graça como uma dádiva por meio de seu Filho, Jesus, que é descrito como sendo "cheio de graça" (Jo 1.14). A graça não depende de nada que possamos fazer para merecê-la, nem do que poderíamos fazer para perdê-la (Ef 2.8-9). É uma dádiva gratuita, universal e espontânea, e cria uma sensação ou sentimento de prazer, alegria e gratidão na pessoa que a recebe.

Quando foi a última vez que você de fato sentiu alegria como resultado da bondade e do favor do Pai em relação a você? Quando foi a última vez que esse prazer ou gratidão simplesmente surgiu em seu coração como resultado da graça do Pai fluindo em sua direção? Se foi recente e acontece com frequência, isso é ótimo — mas, se não, continue a ler.

Uma de nossas pacientes compartilhou um exemplo perfeito dessa dádiva gratuita e espontânea. Ela estava acertando com a filha de 17 anos a questão de esta obedecer às regras estabelecidas para o uso de seu carro. Uma das regras era que a filha precisava estar em casa em um determinado horário, durante a semana, quando houvesse aulas na escola. Se ela violasse essa regra, não teria permissão para ir de carro à escola no dia seguinte.

Como era de esperar, a filha chegou tarde em casa, e, na manhã seguinte, sua mãe a proibiu de usar o carro para ir à escola ou a qualquer outro lugar naquele dia. A jovem ficou chateada e começou a fazer birra e a provocar a mãe. Mas esta manteve sua posição, lembrando à filha que essa consequência lhe havia sido explicada de maneira clara, portanto havia sido escolha da jovem.

Então a mulher ouviu o Senhor falar ao seu coração: "Dê as chaves a ela e deixe-a usar o carro. Desta vez, ofereça graça". Depois de refletir por alguns minutos, aquela mãe foi até a filha e lhe entregou as chaves. A filha começou a chorar no mesmo instante.

Essa dádiva gratuita da graça, uma vez que ela não a merecia, penetrou o coração da jovem de uma maneira profunda. Nessa situação em particular, a coisa certa a ser feita — impor um limite apropriado — foi superada por algo melhor a ser feito, ou seja, ensinar à filha algo sobre a graça. Isso também enfatizou a importância de dependermos de Deus e de confiarmos que podemos ouvir a voz de seu coração, em vez de apenas confiarmos no plano predeterminado. O Senhor usou essa situação para levar nossa paciente e sua filha para mais perto ainda de seu coração gracioso.

Eu sou uma nova criatura

A raiz da palavra [traduzida como] *transformação* vem da palavra grega *metamorphoo*, que significa "mudar de dentro para fora". É daí que temos a palavra *metamorfose*.

Na natureza, Deus nos mostrou um exemplo profundo de transformação e metamorfose no ciclo de vida da borboleta. Ela começa como uma lagarta rastejante. Mas, em determinado momento, ela se isola em um local seguro, permanece bem estática e se transforma em uma pupa ou casulo. Então, nesse esconderijo, a velha forma da lagarta morre e se desfaz. Tudo o que se conhecia dela naquela forma desaparece. O que era antes, já não existe. A substância química subsiste, mas não na mesma forma; a lagarta vai sendo reformulada em segredo, e a criatura que, por fim, desprende-se da pupa não tem nenhuma semelhança com o que existia ali antes. A coisa gosmenta se transformou em uma linda borboleta que não se lembra de sua natureza anterior de lagarta nem age como ela. A borboleta não rasteja — ela voa!

Agora, se Deus se sentasse com a lagarta e dissesse: "Eu fiz você para ser uma borboleta — eu a criei para voar", a lagarta poderia dizer: "Mas olhe para mim. É isso que eu sou. Eu poderia me esforçar mais para ser uma lagarta melhor e aprender a rastejar mais rápido. Mas e quanto a ter asas e voar? Eu acho que não!" Voar para uma lagarta não é resultado de um maior esforço dela. É fruto da sua transformação total.

É exatamente esse o incrível milagre que ocorre quando nos tornamos novas criaturas em Cristo! Deus simplesmente não para depois que nos salva do juízo; ele *nos transforma* em algo que não éramos antes. Ele nos transforma, formando em nós uma natureza e identidade novas em folha, capazes de cumprir o destino que ele traçou para nós.

O Pai deseja transformar nossa "velha gosma" em algo novo para a sua glória. Ele deseja levar-nos a um lugar seguro onde possamos ficar parados e saber que ele é Deus, nosso Pai, que nos transformará [em novas criaturas] — feitas não mais para rastejar, mas para voar!

Prosseguindo com a analogia da borboleta, gostamos do modo como James Bryan Smith pensa em nós como uma nova criação, em seu livro *The Good and Beautiful God* [O maravilhoso e bom Deus]:

> [A lagarta, um inseto] entra em um casulo — uma crisálida, na qual a raiz, apropriadamente, é "Cristo". E surge [de lá] uma borboleta, de todo transformada. O velho se foi. O novo chegou. Antes ela estava submetida à gravidade; agora pode voar. Os cristãos antes estavam sob o domínio do pecado, mas agora nós podemos viver em liberdade.
>
> E você também pode ver por que é tão doloroso para mim o fato de tantos cristãos não entenderem isso? Quando ouço um cristão dizer: "Sou apenas um pecador salvo pela graça", tenho vontade de responder: "Isso faz tanto sentido quanto uma borboleta dizendo: 'Sou apenas uma lagarta com asas'".[38]

A verdade é esta: *como pessoas que creem em Cristo, não somos definidos por nossos pecados ou nossas lutas.*

Sim, lutamos e pecamos, mas nossa identidade central — quem realmente somos — foi transformada. *Não somos* [apenas] *pecadores que foram perdoados* (por mais importante que seja o perdão de Deus!), mas *pessoas que amam a Deus com uma natureza boa e redimida*. E se nossa verdadeira identidade foi redimida, então nosso coração não é pecaminoso, mas justo. Nosso coração é bom.

Se não interiorizarmos essa verdade, sempre estaremos focados em melhorar e pecar menos, em vez de descansar no amor de Deus Pai e permitir que sua bondade nos conduza em direção à mudança (Rm 2.4).

Nossa identidade central agora é justa — a de um santo, de uma "borboleta" —, não importa o que façamos ou não façamos. E essa verdadeira identidade não se baseia em nós mesmos, mas em depositarmos nossa fé em Cristo e naquilo que ele realizou por meio de sua morte e ressurreição

(Rm 4.24; Fp 3.9). A pessoa que de fato somos agora — nossa identidade e nossa posição em relação a Deus — foi transformada.

Como a lagarta, precisamos permitir que Deus nos transforme de dentro para fora em quem fomos de fato criados para ser. Então, poderemos dizer de coração: "Eu sou quem sou, e estou muito bem assim! Fui feito para voar".

De servos para filhos

Muitos cristãos vivem uma relação de servo e Senhor com Deus, uma relação do tipo "apenas me diga o que fazer, e eu farei".

Você pode pensar: "É isso que eu quero — que Deus me diga o que fazer". Mas isso funcionaria para você com seu cônjuge ou com seu melhor amigo? Não há muita graça nesse tipo de relacionamento, há?

Se Deus é seu Pai e se você é filho dele, não seria mais gratificante e significativo um relacionamento em que ele o convidasse a caminhar ao lado dele e a trabalhar com ele, em vez de apenas lhe dar ordens? Isso não seria algo muito mais próximo do que a relação entre um servo e seu senhor?

Observemos um dia na vida de um servo comparado ao de um filho e vejamos quais são as diferenças:

O servo é aceito e apreciado com base *no que faz*; o filho, com base *em quem ele é*.

O servo começa o dia *ansioso e preocupado*, imaginando se o seu trabalho de fato agradará ao seu amo; o filho *descansa no amor seguro* de sua família.

O servo é aceito por causa de *seu trabalho*; o filho, por causa de um *relacionamento*.

O servo é aceito por causa de sua *produtividade e desempenho*; o filho está no lugar certo por causa de sua *posição como pessoa*.

No fim do dia, o servo tem paz de espírito apenas se tiver certeza de que *provou seu valor por meio de seu trabalho*. Na manhã seguinte, *sua ansiedade começa de novo*. Já o filho pode se sentir *seguro o dia todo* e sabe que no dia seguinte não haverá mudança em sua posição.

Quando um servo *não faz o que se espera dele*, toda a sua posição *está em jogo*. Ele pode perder o emprego. Mas quando um filho não faz o que é esperado dele, fica triste porque magoou os pais e é corrigido e disciplinado. Mas *ele não tem medo de ser dispensado. Sua confiança básica está em seu senso de pertencimento e em ser amado; o seu desempenho não altera a estabilidade de sua posição.*[39]

Nosso desafio, então, é escolher a cada dia se agiremos como servos ou se pararemos e diremos [a Deus]: "Pai, sou seu filho e escolho viver e me sentir como tal". Quando escolhemos a condição de filhos, o milagre da graça se torna real em nosso coração da maneira que Deus intentou. Essa graça é sua dádiva para nós que não leva em consideração nosso mérito. Graça é a boa notícia boa demais para ser verdade!

A alegria e a tristeza de descobrir a graça

Faz mais de 20 anos que Lois, uma mulher de 45 anos, é cristã. Ela nos procurou durante um período de luta contra a depressão e uma terrível autoimagem. Quando vivia alguma situação de conflito, em particular com o marido, ela se culpava. Às vezes, Lois se machucava fisicamente por causa do ódio e da raiva que direcionava a si mesma.

Como uma cristã comprometida durante a maior parte de sua vida adulta, Lois participava de grupos de estudo bíblico e de congressos sobre cura pessoal e maior intimidade com Deus. Da melhor maneira que estivesse ao seu alcance, ela colocava Deus em primeiro lugar em sua vida.

No entanto, durante todos os anos de sua caminhada com Deus, Lois tinha um problema fundamental: ela não conhecia o verdadeiro coração do Pai e a graça que ele oferece. É claro que Lois sabia que era apenas pela graça que havia sido salva, e não por seu próprio esforço (Ef 2.8). No entanto, essa verdade existia sobretudo em sua mente, e não em seu coração. Além disso, parecia mais aplicável a uma pessoa que havia acabado de vir para Cristo do que a alguém que o seguia havia muitos anos. Como inúmeros outros cristãos, Lois não entendia o verdadeiro evangelho, que era bom demais para ser verdade; por isso, é claro que ela não o colocava em prática. Mas, ao longo da obra que o Pai realizou com Lois, ela experimentou uma revelação da essência da graça de Deus. E foi aí que tudo começou a mudar.

A jornada de Lois em direção à graça não foi simples. Ela primeiro teve de perceber as mentiras fundamentais que desalinhavam seu coração e sua conduta daquilo que estava no coração de Deus. Ela teve de apelar à graça do Pai para que fossem tratadas as feridas da infância que haviam contribuído de maneira significativa para sua imagem distorcida de Deus, do evangelho e de si mesma. Lois teve de sofrer. Ela teve de perdoar. Ela teve de começar o processo de aceitar a verdade e rejeitar as mentiras, e teve de lidar com a vergonha destrutiva e tóxica.

Enquanto ela trabalhava com Deus e ia com ele a esses lugares, Deus começou a revelar sua verdadeira beleza a ela, além de lhe permitir ver como ela era bonita para ele.

Há uma parte boa e de fato maravilhosa da história de Lois ao encontrar a graça. Mas há uma parte triste também. A parte boa é a liberdade que Lois está começando a experimentar em seu relacionamento com Deus. Sua intimidade com ele agora é grande quando comparada com o passado. A parte ruim é que ela viveu a maior parte de sua experiência cristã sem essa liberdade e intimidade.

Embora esteja eufórica com o seu novo relacionamento como uma seguidora de Cristo, cheia de graça, Lois ainda teve de sofrer por viver tantos anos sem essa liberdade. Ela também começou a experimentar o sofrimento do Pai por seus muitos filhos que não conhecem de fato o coração dele. Pois muitos cristãos — cristãos comprometidos com Deus, incluindo líderes — vivem como Lois antes vivia.

Você é fiel

Eu (Jerry) gostaria de ter interiorizado essa mensagem da graça no início de minha caminhada cristã. No entanto, sei que tudo o que experimentei, incluindo as partes mais difíceis de minha jornada, foi e continuará a ser usado por Deus.

Pensando nos momentos em que lutei contra o ódio de mim mesmo e sentindo-me bastante inadequado, lembro-me com clareza do modo como o Pai *nunca* concordava comigo. Quando eu recebia uma oração pessoal, em conferências, ouvia a mesma mensagem várias vezes: "Deus o chama de fiel".

Vindas de tantas pessoas diferentes, tais palavras sempre induziam a mesma resposta emocional: *Pego!* Provenientes do amor insondável do Pai e de seu coração cheio de graça, as profecias atingiam em cheio minha vergonha e minhas mentiras. Era aí que estava a guerra; a batalha, por fim, seria vencida.

E eu não deveria ter ficado surpreso por Jesus ter me chamado de *fiel*. Muitas vezes na Bíblia, ele chamava seus seguidores por nomes/codinomes que não pareciam combinar com eles. Por exemplo, Jesus chamou Pedro de "A Pedra", em uma época em que Pedro era tudo, menos forte e firme. Jesus conhece nosso coração e nos define pelo que ele vê e sabe — e não por nenhuma outra coisa.

Agradar a Deus versus confiar em Deus

Em um excelente livro intitulado *The Cure: What If God Isn't Who You Think He Is and Neither Are You* [A cura: e se Deus não for quem você pensa que ele é, e você também não for][40], os autores identificam dois caminhos que representam dois estilos de vida muito diferentes. Um é identificado como Agradar a Deus; o outro como Confiar em Deus. Você deve escolher qual caminho seguirá.

Digamos que você decida seguir o caminho Agradar a Deus, na expectativa de que, se você o percorrer, chegará, por fim, a um lugar onde Deus estará satisfeito com você. Ao transpor esse caminho, você chega a uma sala, e, na porta, há uma placa que diz: Esforçar-me para ser tudo o que Deus deseja que eu seja. Ao virar a maçaneta da porta chamada Esforço próprio, você a abre e entra na Sala das boas intenções.

Não parece o destino que você deseja? Você deseja agradar a Deus. Ele, com certeza, merece ser buscado dessa maneira. Então, Agradar a Deus deve ser o caminho que você deseja seguir, certo?

Contudo, se agradar a Deus é sua principal motivação, você, por fim, se verá esforçando-se para pecar menos e ser mais uma pessoa boa, a fim de alcançar um relacionamento íntimo com Deus. E, se você ainda não percebeu, ao tentar pecar menos, você peca mais! Além disso, quando você tenta ser bom e faz coisas boas para Deus, há sempre mais coisas boas a serem feitas.

Percorrer a estrada Agradar a Deus irá envolvê-lo em seu desempenho. Você aprenderá a usar uma máscara. E, no processo de desempenhar papéis e usar máscaras, você ficará cada vez mais cansado. Mas não se atreverá a admitir isso, porque a Sala das boas intenções não é um lugar seguro para expressar fraqueza e vulnerabilidade. Nessa sala, seu relacionamento com Deus depende de sua capacidade e de sua força.

Agradar a Deus sem confiar em Deus

É possível agradar a Deus, mas não confiar de fato nele? Com certeza, você pode tentar. Você já quis se sair bem com um chefe e agradar-lhe com seu desempenho? Isso por causa do grau de confiança que você tinha nele, sabendo que ele pensava no melhor para você? Talvez. Mas você também percebeu que, se não o agradasse, sofreria algum tipo de consequência negativa. Portanto, a verdadeira razão de suas ações talvez estivesse enraizada em um medo que você tinha de seu chefe.

Digamos, no entanto, que você não tivesse medo do poder que seu chefe tinha sobre você. Na verdade, você precisava da aprovação e do reconhecimento dele. Qual seria sua motivação nessa situação? Como você saberia quando seu melhor era suficiente?

Apliquemos esse princípio ao seu relacionamento com Deus. E partamos do princípio de que seu coração de fato deseja servir e agradar a Deus. Como você sabe quando Deus está satisfeito com você? Ele se guia pelo número de vezes que você leu a Bíblia ou orou naquele dia ou semana? Quanto você deu aos pobres ou serviu em sua igreja? Até onde evitou pensamentos, palavras ou ações pecaminosas? Quais critérios você usa e qual é o padrão que você procura alcançar?

E se você, de alguma forma, concluir que todos os seus esforços estão de fato agradando a Deus? Isso significa que você confia nele? Com base em nosso exemplo de agradar ao chefe, é óbvio que a resposta é *não*.

Confiar em Deus agrada a Deus

Gostamos do texto em Hebreus 11.6, na versão bíblica *A Mensagem*:

> É impossível agradar a Deus a não ser pela fé. Por quê? Porque qualquer um que deseja se aproximar de Deus deve crer que ele existe *e* que se preocupa o bastante para atender aos que o procuram.

A palavra grega usada aqui para *fé* — *pistis* — seria mais bem traduzida como *confiança*. Portanto, é impossível agradar a Deus sem confiar nele.

E, se você confia em Deus, acredita que ele existe e que ele é quem diz ser. Você também acredita que ele se preocupa o bastante para atender aos que o procuram — que ele é digno de confiança. Você já não baseia suas ações em quem você é e no que pode fazer, mas em quem é Deus e no que ele pode fazer.

Um lugar de graça

Como descrevem os autores do livro *The Cure* [A cura], outro caminho, com uma sala diferente está disponível.[41] É o caminho Confiar em Deus, que leva à Sala da graça. Ali, a placa na porta diz: Viver quem Deus diz que eu sou, e a maçaneta da porta é a Humildade. Ao passar pela porta, você entra em um lugar onde seu relacionamento com Deus não depende de sua capacidade de fazer o bem ou o mal, mas sim de sua confiança em Deus e na obra que ele está realizando em você. Na Sala da Graça, você se vê ao lado de Deus, que está sempre com o braço ao seu redor. Seus pecados e suas lutas estão à sua frente e, juntos, vocês os veem e trabalham para resolvê-los.

Nessa Sala da Graça, não há fingimento nem necessidade de usar máscaras. Você é livre para ser quem é de modo autêntico; você e outras pessoas na sala com você podem reconhecer fraquezas e vulnerabilidades comuns. A graça, o poder capacitador de Deus, pode realizar o trabalho.

No caminho Confiar em Deus, você pode de fato agradar a Deus e amadurecer em sua fé. Embora você possa se ver fazendo algumas das mesmas coisas que fazia no caminho Agradar a Deus, agora suas ações provêm de um lugar muito diferente em seu coração — de um lugar de graça.

A graça e a recuperação de nossa infância

Em seu livro *Shame and Grace* [Vergonha e graça], Lewis Smedes comenta que a cura de nossa vergonha começa com uma experiência espiritual com a graça:

> Experimentar a graça é recuperar nossa criança interior perdida. O coração de nossa criança interior é a confiança. Perdemos a infância quando percebemos que as pessoas em quem confiamos para nos aceitar não nos aceitam ou que elas podem nos rejeitar se fizermos coisas que as desagradem. A vergonha nos engana, tirando-nos a infância. A graça a devolve a nós.
>
> A criança confiante não tem a menor preocupação no mundo de saber se é esperta o suficiente ou bonita o suficiente, se já realizou o suficiente na vida ou se foi boa o suficiente para ser aceita por um dos pais ou ambos. Ela confia que quem a sustenta, a aquece, a alimenta, a embala e a ama irá aceitá-la de novo e sempre. Confiança é a criança interior que redescobrimos em uma experiência com a graça.
>
> A graça vence a vergonha não ao revelar um depósito ignorado de excelência em nós, mas simplesmente nos aceitando, sem levar em conta nossa beleza ou nossa feiura, nossa virtude ou nossos vícios. Somos aceitos de forma integral. Aceitos sem possibilidade de sermos rejeitados. Aceitos uma vez e aceitos para sempre. Aceitos na profundidade máxima de nosso ser. É-nos dado o que ansiamos em todos os sentidos de todo o relacionamento.[42]

Receber e entregar as boas novas

Quando as boas novas deixaram de ser boas demais para serem verdade, as boas novas que vão além de qualquer coisa que possamos esperar ou imaginar, as boas novas maravilhosas, impressionantes e incríveis, as boas novas que nos fazem saltar e rodar de alegria? Elas *já* foram isso para você?

Vejamos a questão do dízimo, por exemplo. Quando foi a última vez que um sermão sobre ofertar lhe pareceu bom? Uma amiga minha compartilhou um episódio engraçado [que ocorreu] em sua igreja. O pastor havia convidado as crianças para ir à frente, sentar-se e ouvir uma história. Enquanto contava a história, ele pediu às crianças que imaginassem Jesus entrando com uma deliciosa torta de chocolate. "Tudo o que peço", disse Jesus, "é que vocês me deem um pedaço da torta; aí podem ficar com os outros nove". De imediato, um garotinho na frente gritou: "Isso é um bom negócio!". Aos olhos grandes e arregalados de uma criança, isso é uma boa nova!

Uma de nossas pacientes veio para ser ministrada e recebeu mais cura e uma conexão mais profunda de seu coração com a graça de Deus. Logo depois, ela nos enviou a seguinte carta:

> Desde que comecei as sessões com vocês, fiz uma nova amiga. Ela está com dificuldades no casamento — em certos aspectos, como eu e meu marido tivemos dificuldade. Ela acha que cometeu um erro ao se casar e agora está pagando por isso — como se Deus a estivesse punindo. É tão claro para mim que Deus a ama tanto e que o coração dele está sofrendo muito por ela enquanto passa por essas situações. Também está claro para mim que Deus é louco por ela e que ela NÃO está em apuros com ele. O Pai nos permite experimentar as consequências de nossas ações (e, enquanto isso, ele caminha ao nosso lado), mas não se trata de um "castigo". Não estamos "em apuros". Pude compartilhar todas essas coisas com minha nova amiga, porque foi isso que aprendi sobre Deus e sobre o coração dele. Foi isso que ele me mostrou. E eu amo isso!

Acreditamos que histórias como essas incorporam o modo como o evangelho, mais uma vez, se tornará boas novas — boas demais para serem verdade para os filhos de Deus. É o tipo de notícia que dá vida a quem oferta e esperança a quem recebe. Nós nos tornamos as mensagens vivas do amor de nosso Pai.

Brennan Manning, em seu livro clássico *The Ragamuffin Gospel* [O Evangelho maltrapilho], diz o seguinte sobre a graça:

> Uma vez que a salvação é pela graça mediante a fé, acredito que, entre o número incontável de pessoas em pé diante do trono e do

Cordeiro, com vestes brancas e segurando palmas (Ap 7.9), verei a prostituta do Kit-Kat Ranch, em Carson City, Nevada, que, em meio a lágrimas, me disse que não havia conseguido encontrar outro emprego para sustentar o filho de dois anos. Verei a mulher que fez um aborto e é atormentada pela culpa e pelo remorso, mas fez o melhor que pôde diante de terríveis alternativas; o empresário cercado de dívidas que vendeu sua integridade em uma série de transações desesperadas; o clérigo inseguro, viciado em aceitação, que nunca desafiou do púlpito seus ouvintes e ansiava por amor incondicional; o adolescente abusado sexualmente pelo pai que agora vende seu corpo na rua, que, antes de dormir a cada noite após seu último "programa", sussurra o nome do Deus desconhecido sobre quem ouviu falar na escola dominical; o convertido no leito de morte que durante décadas "pintou e bordou", violou todas as leis de Deus e dos homens, desfrutou da luxúria e profanou a terra.

"Mas como?", perguntamos. Então a voz diz: "[Eles] lavaram as suas vestes e as alvejaram no sangue do Cordeiro" [Ap 7.14].

Ali estão eles. Ali estamos *nós* — a multidão que tanto queria ser fiel, que às vezes foi derrotada, manchada pela vida e vencida pelas provações, com as vestes ensanguentadas pelas tribulações da vida, mas, apesar de tudo isso, apegou-se à fé.

Meus amigos, se isso não lhes parece boa nova, vocês nunca entenderam o evangelho da graça.[43]

Um testemunho final: Descansar no amor e na graça de Deus

Queridos J e D,

estou escrevendo para compartilhar o que aconteceu desde minha sessão de terapia com vocês, no início deste mês. Posso dizer com sinceridade que nunca andei com mais liberdade do que estou andando agora. É quase estranho. Não li a Bíblia a semana toda, mas me concentrei na *Carta de Amor do Pai* que vocês me deram e no tema *graça*. Sinto tanto o amor de Deus e já não tenho de me esforçar para isso. No começo, tive um pensamento assustador:

"E se eu nunca mais tiver vontade de ler a Bíblia?" Mas, com o passar dos dias, sei que isso não é verdade. Tenho mais paixão e desejo por Deus do que jamais tive, porém sou capaz de descansar, sentar-me com ele e deixar que seu amor me inunde.

Não sinto que tenho de realizar todos esses atos religiosos para ser uma "boa cristã", mas posso ser isso, independente deles. Estou confiante de que, em breve, chegará o dia em que essas tradições religiosas se tornarão momentos íntimos com o Senhor nos quais já não precisarei me esforçar. Posso vislumbrar o dia em que lerei minha Bíblia não para "ser boa" ou "disciplinada", mas porque estou descansando no amor e na graça de Deus.

De fato, tem havido uma mudança dentro de mim, a qual é difícil de colocar em palavras. Acho que John Lynch expressa isso tão bem quando define um dos caminhos como Confiar em Deus e o outro como Agradar a Deus. Sem saber, eu vinha tentando agradar a Deus com meus maiores esforços, mas não confiando nele. Agora me sinto tão segura em quem sou como filha de Deus.

Deus os abençoe.
Madeline

Quando eu (Denise) era menina, ia com minha família ver os fogos de artifício do 4 de julho. Deitados em nossos cobertores na grama ou sentados em nossas cadeiras dobráveis à margem do rio Saginaw, tínhamos uma vista espetacular.

Algumas pessoas sentavam no capô dos carros e, quando uma rodada de fogos de artifício ganhava *ooohs!* e *aaahhhs!* da multidão, as buzinas dos carros começavam a soar. Uma vez que não estávamos em um carro, dizíamos apenas "Bi-bi!" É assim que me sinto lendo a carta acima. *Uau*, Deus! Bi-bi!

ORAÇÃO

Pai, sou grato pela obra de Jesus em minha vida. Embora, antes, eu estivesse perdido em minha natureza pecaminosa, por causa de minha fé em ti, agora sou teu filho amado e uma nova criatura. No entanto, ainda luto para entender essa realidade. Luto para acreditar que tu me vês como justo e para me ver nessa verdade.

Pai, quando rejeito essa verdade, no lugar mais profundo de meu ser rejeito a obra completa de teu Filho. Eu não quero isso. Senhor, declaro que, quando tu me olhas, me vês como teu filho justo. Portanto, eu também declaro que sou justo — um santo, alguém separado por ti e para ti.

Senhor, quero cumprir o destino e o chamado que tu colocaste dentro de mim. Quero voar, não rastejar. Quero ser transformado em alguém que traz mais de tua semelhança e da plenitude de quem tu me criaste para ser. Mas, Senhor, eu sei que não posso fazer isso sozinho. Submeto meu coração a ti e te convido a me revelares, me curares e me conduzires nesse processo de transformação.

Escolho confiar em ti, pois tu és um bom Pai que deseja o melhor para mim. Por favor, continua a levar essas verdades aos lugares mais profundos de meu coração e me dá a graça — teu poder capacitador — para ver, amar e aceitar a mim mesmo e depois aos outros como tu o fazes. Em nome de Jesus. Amém.

QUESTÕES PARA REFLEXÃO

1. Como os deveres e as obrigações de agradar e realizar têm influenciado a mensagem de graça que você estende a si mesmo? (Uma boa pista é observar até que ponto você é duro consigo mesmo.)
2. Por todo o Novo Testamento, os seguidores de Cristo eram chamados de *santos* — isto é, *separados*. Se você é um seguidor de Cristo hoje, consegue se ver como um santo? Por quê?
3. Dadas duas opções — o caminho Agradar a Deus e esforçar-se para ser tudo o que Deus deseja que eu seja ou o caminho Confiar em Deus e viver quem Deus diz que eu sou —, qual você escolhe? Isso mudou para você?
4. Descreva as boas novas da graça, que são boas demais para serem verdade, conforme apresentadas neste capítulo. Você pode sentir como essa mensagem da graça de Deus deve ser amorosa e libertadora? Explique.
5. Releia a oração final e pergunte a si mesmo no que você acredita. Nas áreas em que você tem dificuldade, peça ao Senhor para ajudá-lo em sua incredulidade.

CAPÍTULO 11

AMAR A QUEM DEUS AMA

*Sua vida e minha vida são, cada uma delas, únicas.
Ninguém viveu sua vida nem a minha vida,
e ninguém jamais irá vivê-las de novo. Nossas
vidas são pedras únicas no mosaico da existência
humana — inestimáveis e insubstituíveis.*
—Henri Nouwen

Ame a Deus. Ame a si mesmo. Ame os outros

Após completarmos o ciclo, voltamos à premissa deste livro: o mandamento esquecido — amar o que Deus ama. Devemos amar a nós mesmos e gostar de nós mesmos da mesma forma que Deus nos ama e de fato gosta de nós. E, então, devemos olhar ao redor e amar os outros da mesma maneira.

> Jesus disse: "'Ame o Senhor seu Deus com toda a paixão, toda a fé e toda a inteligência'. Esse é o mais importante [dos mandamentos de Deus], o primeiro de qualquer lista. Mas há um segundo, ligado a esse: 'Ame o próximo como a você mesmo'. Esses dois mandamentos são como elos de uma corrente: *tudo* que está na Lei de Deus e nos Profetas deriva deles" (Mt 22.37-40 MSG; ênfase, em itálico, adicionada).

Posso começar a amar a mim mesmo sendo gentil comigo, sendo cheio de graça para comigo, sendo responsável, atencioso e cuidadoso comigo. Dessa maneira, posso crescer e descobrir quem sou, quem Deus diz que eu sou. Dessa posição de identidade, o Pai revelará meu destino e os planos que tem para mim. À medida que essa transformação ocorrer, haverá um novo conjunto de liberdades que começarão a se desenvolver dentro de meu espírito — onde posso começar a descobrir que:

> Sou livre para fazer escolhas que me tragam vida, além da mera sobrevivência.
> Sou livre para ter meus próprios valores e maneira de fazer as coisas.
> Sou livre para tomar decisões que honrem minhas próprias prioridades.
> Sou livre para me respeitar o suficiente a ponto de dizer *não* quando isso for melhor para mim.
> Sou livre para cometer erros e não ser perfeito.
> Sou livre para relaxar e descansar sem sentir que tenho a necessidade de estar ocupado para me sentir aprovado.
> Sou livre para me perdoar e não sentir desprezo por nenhuma parte de mim.
> Sou livre para sentir minhas emoções, agir com base nelas e não sentir vergonha delas.
> Sou livre para não ser responsável pelos sentimentos dos outros.
> Sou livre para não ser alguém que corrige tudo, um salvador ou um pacificador.
> Sou livre para abraçar mudanças e o amadurecimento dentro de mim.
> Sou livre para me amar e receber amor porque tenho valor e dignidade.
> Sou livre para ser *completamente* quem sou.

A história de Marsha: descobrindo o poder do amor não merecido de Deus

Queridos J e D,

estou aceitando tão bem quem sou como filha de Deus. Tive um momento especial quando me sentei na aula, um dia depois de voltar daquele tempo de ministração com vocês. Meu professor, tão cheio de vida e amor, estava falando sobre compartilhar com seus filhos o significado deles aos olhos de Deus. Ele estava descrevendo que eles são educados em casa e que têm dificuldade em matemática. Ele disse à turma: "Toda vez que meus filhos têm dificuldades com algum assunto escolar, eu lhes pergunto com carinho: 'Quantos problemas de matemática vocês têm de acertar para que Jesus ame vocês? — NENHUM! Vocês são amados por Deus e são importantes para ele não por causa do que vocês fazem, mas porque foram feitos por ele, e ele simplesmente os ama porque vocês são VOCÊ!'"

Meus olhos se encheram de lágrimas enquanto meu professor falava conosco. Parecia que ele estava falando comigo como se eu fosse filha dele. Pude receber algo que nunca experimentei com meu próprio pai. Foi um momento forte para mim. Naquele instante, era quase como se meu professor fosse um pai substituto e eu sentisse que estava recebendo a mensagem dele aos oito anos de idade. Pela primeira vez em minha vida, senti em meu CORAÇÃO — não apenas em minha cabeça — que eu era importante para Deus. Por tanto tempo eu SOUBE dessa verdade, mas nunca a havia SENTIDO.

O Senhor também está começando a desfazer minha tendência de querer agradar às pessoas e de carregar o fardo delas em minhas costas. Comecei a entender que assumo o fardo dos outros — fardos que eu não deveria carregar. Sei que o Senhor tem muito mais a me revelar nesta área, mas sinto como se tivesse sido colocada no caminho certo. Estou empolgada com a jornada que tenho pela frente enquanto continuo a andar em liberdade e a crescer em minha identidade em Cristo.

Deus os abençoe!
Marsha

Eu sou *o amor do Pai*

Vários anos atrás, em uma conferência de libertação no Colorado, eu (Denise) atendi a um chamado para eu receber oração. Eu estava passando por um período de muita depressão na época, e queria ouvir algo pessoal do Pai para mim.

Enquanto se movia pela multidão, o preletor tocava cada pessoa e proferia uma palavra de bênção: "Mais, Senhor"; "abençoe-a, Senhor". Repetidas vezes ouvi o homem dizer as mesmas palavras. Mas, quando ele se aproximou de mim, disse algo diferente. Suas palavras foram simplesmente: "O amor do Pai". Foi algo de Deus. Ouvi aquele preletor abençoar mais de 500 pessoas individualmente, e ele nunca mais disse "o amor do Pai".

Ora, eu poderia ter interpretado essas palavras no sentido de que Deus queria que eu me concentrasse em seu amor. Mas tinha um significado diferente em meu coração. Aceitei tais palavras como meu codinome, minha identidade: eu sou *o amor do Pai*. Quando Deus olha para mim, ele me chama de *seu amor*. Eu sou o objeto de seu amor.

Eu sou *o amor do Pai*! E essa é apenas uma das muitas verdades importantes do *eu sou*.

Outras incluem:

Eu sou o deleite de Deus.
Eu sou quem Jesus ama.
Eu sou sua amada.
Eu sou sua pérola de grande valor.
Eu sou uma joia em sua coroa.
Eu sou quem sou — e estou bem assim.

Uma história sobre andar em liberdade

Depois de nossa sessão com os pacientes, pedimos que nos coloquem a par do impacto da experiência da terapia.

Este paciente optou por compartilhar, em forma de história, o que aprendeu:

> Meus pais davam a impressão de serem bons pais, mas havia poucas demonstrações de intimidade emocional em casa, durante minha infância. Meu pai não conseguia demonstrar amor ou afeto para mim de forma direta. Aos 25 anos de idade, eu me via sem muita identidade e com dificuldades de me relacionar com Deus Pai.
>
> Fui acumulando a dor de minha infância e de minha adolescência, e comecei a me odiar, nunca percebendo que minha dificuldade em tomar decisões, minha falta de direção, minha falta de identidade, meu medo e minha ansiedade eram resultados diretos

de uma lacuna em minha infância. Eu acreditava na mentira de que minha lacuna nessas áreas era porque eu era uma pessoa terrível. Eu me odiava. Mas o verdadeiro problema não era eu — era uma ferida. Os aspectos que eu odiava em mim estavam diretamente ligados às feridas que foram feitas nos primeiros anos de vida.

Uma vez que entendi a ferida que meu pai me causou, comecei a perceber o tamanho da vergonha que carreguei por tantos anos como um fardo. Reconheci que eu precisava desesperadamente de um Pai que consolasse seu filho quando ele estivesse machucado e triste. Hoje, às vezes eu me vejo entrando em uma sala com meu Pai celestial e deixando que ele me abrace e me conforte como ele queria fazer há tanto tempo. Estou muito perto de aceitar plenamente que sou um filho de Deus. A vergonha que eu carregava me impedia de ter intimidade com ele.

Aprendi que meu esforço próprio é uma máscara. Durante toda a minha vida, eu me esforcei para agradar a Deus, em vez de confiar nele. Mas agora escolho confiar que sou quem as Escrituras dizem que eu sou: uma nova criatura com uma nova natureza — um bom coração que busca a Deus e anseia por ele. Quero viver na sala da graça e deixar que o Pai derrame seu amor sobre mim.

Deus deseja que eu seja verdadeiro em minha vida, e ele está curando meu coração e levando-me a ser o homem que ele me criou para ser. Confiar nele nesse processo é mais honesto do que me esforçar para alcançar algum tipo de perfeição que só usarei como parâmetro para julgar a mim mesmo.

Vejo agora a importância de sofrer por minhas perdas e de não mais arrumar desculpas pelo que meus pais fizeram; no entanto, também sei que posso perdoá-los. Também reconheço minha necessidade de entender minha vergonha e saber a diferença entre a vergonha saudável e a vergonha prejudicial, para que eu possa discernir a voz e as ações de meu Pai em relação a mim.

Hoje, tenho a prática de me olhar no espelho e me encorajar. Em vez de tentar fazer o que é certo e ser algo, confio no Senhor e o busco. Abraço a verdade de que, como Jesus, sou filho de meu Pai, em quem ele se compraz.

Sinto que, quanto mais eu puder me apoiar no Pai e receber seu amor, mais poderei avançar e viver de fato para ele. Viver na sala da graça é algo que me prepara para o destino no qual ele deseja me colocar. O Pai deseja que eu confie nele e que o deixe aliviar minha dor.

Hoje em dia, fico com os olhos marejados com muito mais frequência à medida que experimento mais emoções. Sei que as comportas de minhas lágrimas se abrirão em breve — e isso é bom. Sinto que posso encarar o futuro, que andarei livre de minha dor e que serei capaz de amar as pessoas à minha volta com um amor paternal — o mesmo amor que meu Pai celestial sente por mim.

Logo todos nós estaremos prontos para contar nossa história de cura — quando a história de nosso passado já não nos controlar. Quando ela já não estiver escondida dentro de nós, enterrada viva.

Na jornada de cura, descobrimos o que aconteceu conosco, percebemos que isso foi importante e descobrimos para onde vamos a seguir.

Descobrimos o que é importante, grave, doloroso.

Arriscamos. Partilhamos. Interagimos. Descobrimos. Crescemos.

Somos curados.

Somos curados porque somos filhos aquele que veio para curar os que estão com o coração partido.

Somos livres para nos *tornar*, e vir a *ser*, tudo o que ele nos criou para *ser*.

Somos unidos, de modo único, por um Pai celestial que se agrada de *tudo* o que faz.

Releia Gênesis 1, na versão *A Mensagem*, se você quiser verificar isso. A grande conclusão do texto está no versículo 31: "Deus olhou para todas as coisas que havia feito; tudo era tão bom; tudo era ótimo!"

Tornando-se uma criança a brincar

Uma escritora, amiga nossa, compartilhou conosco uma história que ela escreveu. Apresentamos a história aqui porque ela capta algo: a maravilha, a admiração, o poder contagiante de uma criança a brincar. Parece que o Pai deseja que essa criança seja VOCÊ.

Veja se você concorda.

Ontem fui à loja Sautee General Store para comprar um lanche rápido para viagem. Os sanduíches deles têm um gosto de verão. Entrei no carro com pressa para seguir meu caminho. Quando estava afivelando o cinto, vi uma bolha passar pela minha janela. Olhei para o canteiro de flores, onde havia uma solução de fazer bolhas sobre um pedestal.

Em meio às flores que dançavam, estava um garoto dançante, que devia ter uns quatro ou talvez cinco anos. Ele segurava a varinha de fazer bolhas como se fosse um cetro..., acenando como se fosse o rei das bolhas. O brilho em seus olhos azuis era mágico. Ele chamou a atenção de uma senhora mais velha que descia lentamente pelas escadas da loja. Ela parou no meio do caminho para observar os cabelos loiros esvoaçantes do menino, no êxtase do verão. As bochechas enrugadas dela esboçaram um sorriso, e o brilho em seus olhos combinava com o dele. Por um momento, os anos desapareceram do rosto da mulher. Fiquei curiosa para saber quantos anos ela voltou no tempo.

Outros que andavam por ali (a maioria, turistas) pararam também. Todos os olhos estavam fixados no garoto, que estava alheio à qualquer coisa que não fosse criar o máximo de bolhas possível. Enquanto todos nós o observávamos, seu pai se aproximou. Ele pegou a varinha e, como fazem os pais, começou a fazer bolhas cada vez maiores para o garoto. Se o menino fosse um balão, naquele momento ele teria estourado.

O menino corria atrás das bolhas. Tentava pegá-las, estourá-las. Ele riu até soluçar. Eu sei porque abaixei a janela do carro para ouvir. O pai encorajava o filho. O garoto fazia parte de uma cena de infância de que todos nós podemos nos lembrar. O sorriso em seu rostinho queimado pelo sol se espalhou para o rosto das doze pessoas paradas ao seu redor. Cada um de nós esperava que o feitiço fosse quebrado, mas tinha esperança de que isso demorasse a ocorrer.

A simplicidade do momento me impressionou... como um pouquinho de água e de sabão e uma pecinha de aço podiam transformar uma cena cheia de estranhos em um momento de companheiros da brincadeira de viajar no tempo! Como um garotinho pôde, em um piscar de olhos, injetar vida em todos os que o cercavam, mas sem sequer se dar conta disso!

Acredito que Deus gosta de que brinquemos como crianças. Quando dançamos e ficamos emocionados com a sua criação, ele continua a nos incentivar. Quando nos alegramos com as pequenas coisas mais simples . . ., com bolhas e pingos de chuva, com vaga-lumes e o arco-íris . . ., isso bendiz a Deus. Quando nos enchemos de uma exuberância alegre, o tempo para. Deus deseja estar conosco quando estamos nesse estado. É simples essa comunhão com ele. Não são necessárias palavras. A música de nossa risada, a entrega de nosso coração ao momento, é como em nenhum outro momento. Nós nos lembramos disso desde a infância, mas precisamos ser relembrados. Nossas lembranças se renovam. O que é esse velho sentimento familiar que surge quando vemos uma criança a brincar? É liberdade. É inocência sem obstáculos. É honestidade. É adoração.[44]

Um poema para reflexão

Ao encerrarmos este capítulo, gostaríamos de compartilhar um poema que nos dá esperança sobre os cinco estágios da jornada de cura. Que seja um guia para o seu progresso!

Retrato do Progresso
   I. Eu ando pela rua.
      Há um buraco profundo na calçada.
         Eu caio nele.
         Estou perdido . . . Não tenho esperança.
         Não é minha culpa.
         Demora uma eternidade para encontrar uma saída.

   II. Eu ando pela mesma rua.
      Há um buraco profundo na calçada.
         Eu finjo que não o vejo.
         Eu caio nele de novo.
         Não acredito que estou no mesmo lugar,
         Mas não é minha culpa.
         Ainda demora muito para sair.

III. Eu ando pela mesma rua.
　　Há um buraco profundo na calçada.
　　　Eu o vejo.
　　　　Eu ainda caio nele . . . é um hábito.
　　　　Meus olhos estão abertos.
　　　　Eu vejo onde estou.
　　　　É minha culpa.
　　　　Eu saio de imediato.

IV. Eu ando pela mesma rua.
　　Há um buraco profundo na calçada.
　　　Eu dou a volta nele.

V. Eu ando por outra rua.[45]

ORAÇÃO

Pai, obrigado por teu processo de redenção e de restauração — estas são grandes palavras que têm um significado simples: que sou importante o suficiente para ti a ponto de conseguires me encontrar, curar meu coração e me levar a um novo lugar.

Obrigado por teres enviado teu Filho, Jesus, para curar meu coração partido e me libertar das coisas que me mantinham preso de alguma forma. Tua Palavra diz que "foi para a liberdade que Cristo nos libertou" [Gl 5.1]. Eu permaneço nessa liberdade e me recuso a aceitar algo menos que isso.

Eu sei que sou incapaz de fazer qualquer coisa sem a tua ajuda, inclusive viver a partir de um lugar de liberdade e de vida, por isso peço o teu auxílio para que eu continue a amar e aceitar a mim mesmo e a viver a partir de teu coração. Ajuda-me a amar a ti, a mim mesmo e aos outros da maneira que intentaste. Em nome de Jesus. Amém.

O MANDAMENTO ESQUECIDO: AME A SI MESMO

QUESTÕES PARA REFLEXÃO

1. Como um exercício breve, mas poderoso, olhe-se no espelho e diga: "Eu sou *o amor do Pai*". Guarde essa mensagem na memória e escolha colocá-la em prática. Isso será uma bênção para você e bendirá a Deus.
2. O que esta afirmação significa para você: "O Pai deseja que você seja livre para se *tornar*, e vir a *ser*, tudo o que ele o criou para *ser*"?
3. Volte à seção *Tornando-se uma criança a brincar*. Imagine-se como um dos turistas. O que você *sente* ao observar aquela criança? Pare e imagine-se como sendo tal criança a brincar. Como você acha que o Pai se sente ao observar? Você pode imaginar que ele também se deleita com você e gosta de você?
4. Referindo-se ao *Retrato do progresso* como um "mapa", onde você se encontra na jornada de cura? Use o *Retrato do progresso* como um guia até que você se veja andando por outra rua.
5. Faça a oração final para si mesmo. Juntamos nossa oração à sua pela plenitude do amor e da vida!

APROFUNDAR-SE: HISTÓRIAS PARA FAZÊ-LO AVANÇAR EM SUA JORNADA DE CURA

Introdução ao *Aprofundar-se*

Somos gratos e nos sentimos honrados por nossa primeira edição de *O mandamento esquecido: ame a si mesmo* ter impactado tantas pessoas nos Estados Unidos e no exterior. Deus tem usado as histórias, cartas e orações em nosso livro para abrir o coração dos leitores para um Pai amoroso, cujo amor sempre nos cerca.

As notas, as cartas e os testemunhos que recebemos de nossos leitores dilataram nosso coração e aumentaram nossa gratidão ao Pai de maneira exponencial. Ficamos extasiados repetidas vezes com o modo como o Pai tem demonstrado seu amor insondável aos seus filhos — simplesmente para que possam amar a si mesmos da maneira que ele os ama.

Nesta edição ampliada, abordamos de forma mais detalhada as feridas causadas pelos pais. Também discutimos outras questões da infância que muitas vezes identificamos nos pacientes que nos procuram para uma terapia intensiva. Muitas pessoas têm dificuldade para entender a conexão entre suas lutas atuais e sua infância. Oferecer mais ajuda nesses aspectos é um dos principais motivos por que escrevemos esta edição ampliada.

O poder da *história* no contexto de cura pode ajudar-nos a aprofundar nossa compreensão do que aconteceu conosco e do impacto que isso teve em nossa vida. No entanto, apenas contar a história que temos em nossa memória não é suficiente. Devemos estar dispostos a nos envolver com ela e a entrar mais uma vez nela por meio de nosso coração e espírito — incluindo as lembranças presentes e as que Deus Pai trouxer à tona de novo.

Devemos deixar que o Pai nos "leia" e revele as feridas em nossa história. Devemos estar dispostos a ver o que o Pai vê e sentir o que ele sente em relação a nós e à nossa história. E, à medida que nosso coração se conectar ao impacto da verdade de nosso passado, poderemos começar a sofrer, para que possamos ser curados.

Ao longo desta seção, você terá oportunidades de "ir mais a fundo". Faremos muitas perguntas com o intuito de ajudá-lo a trazer à luz sua história real — aquela que o Pai sabe a seu respeito e que você pode ter evitado ou simplesmente nunca ter percebido. Também compartilharemos nossas observações de uma perspectiva terapêutica, para ajudá-lo na jornada de cura.

Não se apresse nestas seções. Convide o Pai a compartilhar o que estiver no coração dele enquanto você reflete sobre a história de sua vida, que se inicia na sua concepção. Ele irá ajudá-lo a ver e a entender o impacto ou o "custo" do que aconteceu com você e que não deveria ter acontecido, bem como do que não aconteceu e deveria ter acontecido. Às vezes, iremos direcioná-lo a um capítulo anterior do livro que poderá ajudá-lo nesse processo.

Apegue-se a esta verdade: *você é precioso para Deus, e ele deseja curá-lo e restaurá-lo*. Então, você pode começar a se amar — cada parte sua — e amar de forma mais profunda a ele e aos outros, a partir de um coração curado e libertado.

Histórias para levá-lo mais longe

Quando deixarmos esta vida e estivermos na presença de Deus, acredito que apenas uma pergunta será feita: "Você acreditou que eu o amava . . . que esperei por você e desejei ouvir o som de sua voz?"
—Brennan Manning

Sua resposta à pergunta anterior pode demonstrar se interiorizou ou não a mensagem e o ministério de Jesus: levar os seguidores dele a conhecerem Deus como *Aba* — Papai.

Você pode ter conhecido Deus como alguém que está distante e só julga. Mas Jesus nunca deixou de ministrar as boas novas boas demais para serem verdade de nosso *Aba* Pai, que nunca deixa de chamar e atrair toda ovelha perdida e todo filho (ou filha) perdido(a), para que volte para casa em seu coração.

O "Pai pródigo"

É comum nos referirmos ao texto em Lucas 15.11-32 como a *parábola do filho pródigo*. O filho era rebelde e gostava de esbanjar com extravagância. Mas o Pai também era extravagante em muitos aspectos em relação ao filho.

Nos nossos dias, é provável que víssemos o Pai como um homem esbanjador, imprudente e completamente equivocado por dar ao filho exigente, egocêntrico e desrespeitoso toda a sua parte da herança. (Teríamos aconselhado o Pai a estabelecer limites mais rígidos.)

Você consegue imaginar o que esse filho imaginava estar reservado para ele depois do que aprontou? Sabemos que muitos de vocês têm histórias sobre o que receberam de seu pai (ou mãe) quando "voltaram para casa". Contudo, quando aquele filho voltou para casa sem um centavo no bolso, o Pai deu a maior festa que os vizinhos e os familiares já haviam visto. Apostamos que algumas pessoas, além do filho mais velho, questionaram as ações do Pai.

Agora, vamos analisar essa história de uma perspectiva diferente. Como a mensagem mudaria se a mensagem maior desse texto das Escrituras fosse sobre o "Pai pródigo"? Vejamos alguns significados da palavra *pródigo*. Entre eles estão *generoso sem medida; extravagantemente esbanjador; que produz quantidades generosas; descontrolado; que produz profusamente; generoso em abundância*.

Leia essas definições mais uma vez, faça uma pausa após cada uma e reflita sobre como ela descreve a verdadeira natureza do Pai.

Pródigo, pelo visto, é a descrição perfeita do amor do Pai por nós — amor sem medida, que "esbanja" com seus filhos e filhas (cujo coração é partido pelas escolhas que fazem dia após dia). Isso descreve as emoções, o coração, o favor inabalável e o amor inesgotável dele que nunca mudará por você nem por mim.

O Pai não está dando um sermão. Ele não está apontando o dedo. Não está humilhando nem culpando. Ele não está com reservas ou na defensiva.

Não, nada disso — mas ele está observando, esperando, chorando, torcendo, acreditando, ansiando que cada um de nós volte para casa.

O tempo todo.

Voltar não apenas fisicamente, mas de todo coração — com todos os aspectos de nós, todo o nosso ser, voltando à vida. Nenhuma parte escondida atrás de um muro ou de uma máscara, mas totalmente à vontade na segurança dos braços do Pai.

E o Pai corre em nossa direção com alegria e com lágrimas. Algo bem humilhante para o Criador do Universo, mas o que lhe importa? Seu filho ou sua filha está voltando para casa, para o amor inescrutável, inconcebível e surpreendentemente imensurável do Pai.

O amor do Pai corre para encontrar VOCÊ. Seus braços estão estendidos para abraçar VOCÊ. Seus olhos de misericórdia e de graça sondam VOCÊ. E ele começa a curar e a restaurar o coração que lhe deu, conformando-o ao seu projeto original.

Feridas causadas pelo pai

As feridas causadas pelo pai podem estar entre as mais profundas. O papel do pai é especialmente importante em dois momentos distintos no desenvolvimento de uma criança. O primeiro é dos dois aos quatro anos de idade, quando ele afasta a criança da mãe e a ajuda a perceber que está separada dela. É nesse período que a criança começa a desenvolver o senso de individualidade e de independência. O outro momento importante no papel do pai é quando a criança atinge a idade de 12 ou 13 anos. É quando o pai deve instruir o filho ou a filha no sentido de sua masculinidade ou feminilidade, respectivamente, e afirmá-lo nesta fase inicial e transitória de se tornar um adulto.

Quando experimentamos as feridas causadas pelo pai, podemos facilmente transferir a ausência, o abandono emocional, a rejeição, a raiva e o abuso de nosso pai para a natureza do próprio Deus Pai.

Um antigo pastor disse que levou dez anos em um processo de cura para apagar o rosto de seu pai da face de Deus. Essa não é apenas uma declaração profunda, mas também uma verdade recorrente para quem busca a cura de uma ferida causada pelo pai.

A história de Darren

Darren nunca conheceu o pai. O homem desapareceu assim que descobriu que a namorada estava grávida. Na infância, Darren sempre esteve envolvido com eventos esportivos. Não podia deixar de examinar a multidão em busca de um homem que se parecesse com ele. "E se meu pai estiver aqui? Talvez esta noite eu o encontre." Isso nunca aconteceu.

Mas, alguns anos depois, quando Darren tinha 14 anos, descobriu que o pai morava a oito quilômetros de casa. Oito quilômetros! Apenas oito quilômetros de distância durante toda a infância de Darren, e ele nunca soube.

Darren tomou a iniciativa e ligou para o pai. No final das contas, ele era um homem muito bom. Acolheu Darren de imediato, e eles começaram a sair juntos. Isso aconteceu regularmente, pelo menos até que o pai começou a namorar. Ele não queria o filho em sua casa quando uma nova mulher estava morando lá. Darren entendeu a situação e esperou pelo fim do namoro para que ele e o pai pudessem se aproximar de novo.

APROFUNDAR-SE

Como você se *sente* sobre o relacionamento de Darren com o pai (bravo, triste, feliz, com medo, ansioso, insensibilizado)? O que você acredita que Deus sente? (Votamos em *bravo* e *triste* para nós dois e para Deus.) Quais são algumas das dificuldades que Darren muito provavelmente enfrentará quando tentar se relacionar com Deus como Pai?

Quando Darren foi para a terapia anos depois, ele percebeu que encontrar o pai não era uma história de conto de fadas com um final "felizes para sempre". Quando Deus começou a curar seu coração, Darren descobriu que o amor de seu pai por ele era condicional — que ele *ainda* estava sendo rejeitado quando o pai o colocou para fora da vida dele repetidas vezes, sempre que uma mulher aparecia.

Pare por alguns minutos e reflita sobre sua infância e seu relacionamento com seu pai. Em uma semana normal, na época em que você era criança, seu pai passava algum tempo com você? Como ele demonstrava afeição por você? Ele o elogiava e aceitava? Se a resposta for *sim*, em que sentidos? Ele dizia que o amava, ou você tinha de pressupor que sim? Ele dizia que tinha orgulho de você? Como você se sente por dentro ao refletir sobre suas respostas a essas perguntas? Se você não teve o incentivo, a presença e outras expressões de amor suficientes de seu pai, há uma ferida.

Seu pai o humilhou, criticou, rejeitou, negou-lhe amor ou abusou de você? As surras que ele lhe deu ou outra "disciplina" física deixaram marcas? As palavras ou o silêncio de seu pai dilaceraram seu coração e deixaram uma ferida? Você pode imaginar como o silêncio de um pai pode expressar rejeição mais do que palavras reais? (Nota: Essas mesmas perguntas também podem ser aplicadas à sua mãe.)

Darren aprendeu a usar mecanismos de defesa para evitar a dor da rejeição e do abandono. Em sua infância, quais mecanismos *você* aprendeu a usar para evitar a dor? Você carrega esses mesmos mecanismos na idade adulta. Você não os abandona. Eles estarão ativos em sua vida adulta e afetarão seus relacionamentos atuais consigo mesmo, com os outros e com Deus. Você precisará pedir a Deus que derrube seus muros e depois confiar a ele a dor e o sofrimento que você sentirá para ser curado. (Talvez você queira recapitular os mecanismos de defesa no capítulo 7, páginas 107-113.)

Quais obstáculos você tem que o impedem de ver Deus como seu Pai? O rosto de seu pai está, de alguma forma, projetado na face de Deus Pai? Você acredita que Deus está sempre com você, ao seu lado, mesmo quando você estraga tudo?

Peça ao Pai que compartilhe algo que está no coração dele a respeito de você e da criança que há dentro de você. Muitas vezes pedimos aos nossos pacientes que imaginem uma de suas mãos segurando a mão de Deus, e sua outra mão segurando a mãozinha de sua criança interior.

Tente você mesmo. Pare e considere o que você acha que o Pai *sente* em relação a você como uma criança. Como ele se sente a seu respeito neste momento de reflexão?

A história de Shane

Shane escreveu:

> Meu pai nunca expressou muita emoção, exceto raiva.
> Não havia perdão quando eu cometia um erro ou não fazia as coisas do jeito dele. Meu pai explodia por qualquer coisa, por mais simples que fosse, como, por exemplo, não usar meu garfo e faca da forma correta à mesa de jantar. Ele esperava total obediência.

Lembro-me de uma vez, quando eu tinha 16 anos, em que ele me deu um tapa no rosto porque discordei dele. Tomei uma decisão naquele momento de nunca mais permitir que alguém me machucasse daquela maneira. Posso sentir a vergonha e a raiva crescendo agora mesmo. Não consigo me lembrar de uma única vez em que ele tenha me elogiado. Era como se eu só merecesse a atenção dele quando estava em apuros.

Íamos à igreja sempre que as portas estavam abertas. Líamos a Bíblia todas as noites. Para mim, isso se tornou quase uma piada. Lembro-me de pensar: "Se Deus for um pouquinho como o meu pai, não quero nada com ele".

Meu pai nunca se interessou por nada em que eu estivesse envolvido na escola. Nunca jogou bola comigo nem me ensinou a andar de bicicleta, consertar um carro ou qualquer coisa. Não tinha paciência para isso. Minha mãe pisava em ovos quando estava perto de meu pai, por isso sua atenção estava sempre em manter a paz com ele. Eu me sentia mais um órfão do que um filho.

Com o pai controlando tudo, e a mãe pisando em ovos, Shane não teve ninguém para criá-lo. Agora Shane é casado e tem um filho. Ele pergunta: "Como posso ser um ótimo pai quando nunca tive um bom exemplo de pai ou de mãe? Aliás, nem mesmo de casamento".

APROFUNDAR-SE

O que foi passado para Shane sobre ter sentimentos e compartilhar esses sentimentos com os outros? Seu pai não gostava de passar tempo com ele, apenas pai e filho. Como você acha que a distância emocional afetou os relacionamentos posteriores de Shane? Como isso pode ter influenciado seu relacionamento com Deus (uma vez que nosso pai e nossa mãe moldam muito a imagem que temos de Deus)? O que foi passado para Shane sobre a afeição do Pai por ele, o prazer que ele tinha em Shane, seu orgulho de Shane, seu coração cheio de amor pelo filho — dizendo a todas as hostes celestiais: "Esse é o meu garoto?"

Em toda a leitura da Bíblia em casa e na pregação da Bíblia na igreja, Shane adquiriu conhecimento da "lei" e, por conseguinte, aprendeu a vergonha religiosa tóxica. Não era apenas a vergonha que dizia que ele *havia feito* algo errado; era a vergonha que dizia que *ele* estava errado e nunca serviria para coisa alguma. Mesmo com toda a religiosidade, ele nunca conheceu o Pai. Ele nunca sentiu o coração do Pai por ele, nem experimentou a afeição ou a graça de Deus.

Qual a imagem que você tem de Deus como Pai? Tem havido muita diferença entre o que você *sabe* intelectualmente sobre Deus como Pai e o que *sente* sobre ele em seu coração? O que ele sente em relação a você? É mais fácil conversar com Jesus e orar para ele do que com Deus Pai? (Talvez você queira voltar ao capítulo 3, páginas 40-41, e recapitular o exercício sobre como você vê o Deus Pai.)

Assim como foi para Shane, as feridas da infância devem, por fim, ser curadas por nosso Pai celestial. Ele não está limitado pelo tempo e pode voltar a qualquer momento do passado que você viveu e curá-lo. É óbvio que isso exigirá que você esteja ao lado de Deus, passando pela dor e pelo sofrimento de sua infância — todas as coisas que você experimentou que não deveria ter experimentado, e todas as coisas que você não experimentou e deveria ter experimentado. Como resultado dessa jornada, seu passado pode ser curado e transformado.

Feridas causadas pela mãe

A pessoa mais importante na vida de uma criança, desde o nascimento até os dois anos de idade, é a mãe. Nos primeiros estágios do desenvolvimento normal, o bebê está completamente envolvido com a mãe ou ligado a ela (*eu sou você*). Nessa fase, o bebê não tem capacidade de saber que tem uma personalidade. Ele *sente* apenas o que a mãe sente e, quando ela demonstra amor autêntico, desenvolve segurança e uma sensação de paz em seu íntimo.

Uma lacuna no desenvolvimento ao lado da mãe, nos primeiros nove meses após o nascimento, destruirá o primeiro alicerce da vida de uma criança: a confiança. Quer essa ferida tenha sido intencional ou não, seu impacto aparecerá durante toda a vida do indivíduo.

Se o seu nascimento não for recebido com alegria, se o amor não for refletido no toque, no cuidado, na gentileza, na presença e no contato visual de sua mãe, seu alicerce estará comprometido.

Se a mãe estiver apenas fingindo ou representando o papel de uma boa mãe, o coração e o espírito do bebê não serão alcançados; e, portanto, um fundamento saudável para a vida não será estabelecido.

Nossa história começa no ventre

Tu criaste o íntimo do meu ser e me teceste no ventre de minha mãe.
Eu te louvo porque me fizeste de modo especial e admirável. Tuas obras são maravilhosas! Digo isso com convicção.
Meus ossos não estavam escondidos de ti quando em secreto fui formado e entretecido como nas profundezas da terra.
Os teus olhos viram o meu embrião; todos os dias determinados para mim foram escritos no teu livro antes de qualquer deles existir.
(Sl 139.13-16)

A história de Denise

Meus primeiros nove meses de vida no ventre de minha mãe proveram uma base frágil para minha infância e vida adulta. Eu (Denise) era a terceira filha, com duas meninas já na família. Meus pais queriam que eu fosse menino — para salvar o casamento deles ou, pelo menos, dar-lhe um novo começo.

No ventre, sou uma com minha mãe. Uma vez que ela estava animada por estar grávida de mim, compartilhei fisiologicamente os hormônios produzidos por sua alegria e esperança. Essa era uma mistura grande e confusa para mim. No entanto, havia também uma pequena quantidade de hormônios negativos que minha mãe compartilhou comigo, por causa do medo e da ansiedade que ela estava sentindo: o medo de que eu pudesse ser uma menina.

De alguma forma, no fundo de meu ser, eu sentia que seria melhor para mim se eu nunca nascesse. "Quando você me vir, não vai gostar de mim." Eu já estava preparada para a vergonha. "Eu não correspondo às expectativas dela. Eu sou uma decepção. Eu sou um erro. Eu sou um fardo. Assumirei a responsabilidade de salvar o casamento [dos meus pais]. Se eles estiverem infelizes, a culpa será minha."

Junto com a vergonha, as sementes de rejeição, de abandono e de medo já haviam sido semeadas em mim — e eu nem havia nascido ainda! (Eu não "penso" dessa maneira a partir de qualquer habilidade cognitiva, mas a partir de meu espírito, que já estava totalmente vivo e não tem idade.)

Quando chegou o dia de minha chegada a este mundo, meus pais haviam escolhido apenas um nome masculino para mim: *Kenneth*. Nasci no Domingo de Páscoa. Disseram-me que minha irmã estava mais animada com o coelhinho da Páscoa, que, de alguma maneira, para surpresa de todos, sabia que deveria entregar sua cesta na casa da vovó naquela manhã.

Quando meu pai me viu pela primeira vez, ele pensou que "tivesse seu filho", mas, um instante depois, o médico entrou na conversa: "É uma menina". Meu pai disse que se adaptou rapidamente, mas minha mãe, não. Ela entrou em depressão.

Não criei laços com minha mãe. Não fui amamentada. Sei que o batimento cardíaco de minha mãe teria feito com que eu me sentisse segura e confortada. Tenho a sensação de que eu chorava muito quando era bebê, e ninguém vinha me segurar ou me confortar.

Mesmo quando eu era alimentada, minha mamadeira ficava apoiada no berço para que eu pudesse me alimentar sozinha. Com sapatinhos de algodão, o inimigo e suas mentiras se infiltraram: "Você está por sua conta para satisfazer suas necessidades. Você não pode esperar que alguém esteja ao seu lado. Você não é digna de ser amada. Você terá de trabalhar pra valer e ser boa para provar que tem algum valor". E, no fundo de meu ser, acreditei nele.

Infelizmente, foi sobre essa base rachada de confiança que minha identidade foi construída. A identidade diz: "Eu sou quem sou, e estou bem assim" ou "eu sou quem sou, e não estou bem assim".

No começo de minha vida, minhas necessidades básicas de ser amada e festejada não foram supridas. Agora, como adulta, posso entender totalmente por que o desejo mais profundo de toda a minha vida foi o de alguém "me escolher". Minhas necessidades não supridas no começo de minha vida produziram uma profunda ferida em minha alma que somente Deus poderia curar, ao voltar no tempo.

Quando eu tinha três meses de idade, o melhor presente que Deus poderia ter-me dado chegou ao mundo: *Jerry*. Aqui está sua história pré-natal.

A história de Jerry

Quando eu (Jerry) fui concebido, meus pais já tinham dois filhos. Tínhamos pouco dinheiro, e minha mãe teve medo de dizer ao meu pai que estava grávida. Ela foi ao médico, mas disse a todos que tinha uma úlcera. (E as úlceras "simplesmente desaparecem com remédios" — certo?)

Minha mãe não abortou nem a úlcera desapareceu, então ela, por fim, teve de dizer a verdade ao meu pai. Ele ficou com muita raiva dela (como se minha mãe tivesse feito tudo sozinha!). Como o único provedor da casa, ele, na verdade, não queria a responsabilidade de ter outra criança — pelo menos não naquele momento.

Uma vez que eu compartilhava os hormônios produzidos pelas emoções de minha mãe, recebi uma boa dose de medo, de ansiedade e de ressentimento. Na época em que eu não passava de um pirralho, meu apelido era *Pessimista*.

Minhas experiências com a questão de não ser desejado, de ser uma "úlcera" e de vir na hora errada, financeiramente falando, produziram a vergonha tóxica em meu íntimo. Eu tinha medo de cometer um erro, porque isso confirmaria o que eu já sentia: "Eu *sou* um erro".

Aprendi a viver para agradar às pessoas, a ser um pacificador (eu ficava no meio das discussões entre meus pais) e a ser o protetor dos sentimentos de minha mãe. Aprendi que, para manter minha ansiedade sob controle, eu tinha de ser perfeito e estar no controle. E, uma vez que é impossível sustentar a perfeição, aprendi a usar uma máscara e esconder minhas imperfeições para que ninguém pudesse vê-las.

Por volta dos três anos de idade, eu havia abandonado minha verdadeira identidade, e meu falso eu veio à tona. Matei o menino que havia em mim, a quem Deus havia formado de maneira tão amorosa e meticulosa.

APROFUNDAR-SE

Talvez esta seja a primeira vez em que você tenha pensado que os problemas em sua vida adulta começaram no ventre de sua mãe. Em condições ideais, o ventre deveria ser um lugar seguro para o feto crescer em segurança e proteção, mas, para muitos, não foi. Problemas como uma gravidez fora do casamento, uma gravidez no "momento errado", tentativa de aborto, sexo errado ou a criança entregue para adoção (para citar alguns) quase sempre produzem feridas profundas que precisam do toque de cura do Pai.

Talvez você esteja se perguntando como é possível que uma criança ainda no útero seja ferida e precise de cura mais tarde. Ao longo dos anos, foram realizadas muitas pesquisas que demonstram — de uma perspectiva científica — até que ponto o feto é afetado por estímulos internos e externos. Nós, no entanto, queremos considerar essa área de uma perspectiva espiritual.

Para isso, é importante fazermos a distinção entre nossa alma e nosso espírito. A alma é normalmente identificada como sendo constituída de nossa mente, vontades e emoções. Muitas feridas podem ocorrer em nossa alma. Nosso espírito — alguns chamam de nosso "espírito pessoal" — é diferente. Deus o soprou em nós em nossa concepção, e, para aqueles de nós que aceitamos seu Filho, ele retorna para Deus após nossa morte. Nosso espírito não tem idade e, portanto, não depende de nossas funções cognitivas (alma) para processar a vida. É capaz de sentir o ambiente ao seu redor e responder a ele.

O apóstolo Paulo faz a distinção entre nosso espírito, nossa alma e nosso corpo (1Ts 5.23). Nosso espírito, junto com nossa mente, nossa vontade e nossas emoções, comunica-se com o Espírito de Deus. Paulo afirmou que "é o Espírito [Santo] que testemunha com nosso espírito que somos filhos de Deus" (Rm 8.16, tradução dos autores). Nosso espírito pode animar-se e "saltar de alegria", mas também pode ser abatido ou ferido (Sl 34.18). É interessante que nosso espírito e nosso coração sejam muitas vezes considerados sinônimos no Novo Testamento.

Ao discutir o conceito de feridas pré-natais, gosto de compartilhar com os pacientes o texto de Lucas 1.39-45, da versão *A Mensagem* (ênfase, em itálico, adicionada):

> Sem perder tempo, Maria tratou logo de se arrumar e viajou para uma cidade da região montanhosa de Judá. Ali, foi à casa de Zacarias. Assim que entrou, cumprimentou Isabel. *Quando Isabel ouviu a saudação de Maria, o bebê se agitou dentro dela.* Cheia do Espírito Santo, começou a cantar:
>
> "A bendita entre as mulheres está ao meu lado,
> e o bebê em seu ventre é igualmente abençoado!

E por que seria eu tão abençoada?
É a mãe do meu Senhor! Que visita inesperada!
Quando as palavras da sua saudação
me chegaram aos ouvidos e ao coração,
o bebê em meu ventre
agitou-se de exultação.
Que felicidade a sua! Você creu no que Deus faria!
Sabia que cada palavra se realizaria".

Observe que foi o espírito de João que reconheceu Jesus. O espírito de João foi plenamente criado quando Deus o soprou no ventre de Isabel, e foi o espírito de João que respondeu à chegada de Jesus, ainda no ventre de Maria; e as funções cognitivas de João ainda não estavam desenvolvidas. É esse mesmo espírito em nós que, quando ferido, pode responder ao amor curador de Jesus quando o convidamos a entrar para nos curar e nos restaurar.

Quando nossos pacientes estão compartilhando suas histórias pessoais de lutas e sentimentos pouco saudáveis, muitas vezes perguntamos: "Há quanto tempo você se sente assim?" Muitas vezes, eles respondem: "Desde que eu me entendo por gente".

Uma vez que a memória começa por volta dos três anos de idade, podemos pressupor que havia sentimentos ou mentiras prejudiciais que lhes sobrevieram quando ainda estavam no ventre [materno] persistindo até os três anos de idade deles.

Você tem crenças ou sentimentos incômodos que o perseguem "desde que você se entende por gente"?

Por exemplo, eu (Jerry) sempre senti que minha ansiedade era "apenas meu jeito de ser". Por fim, quando eu tinha 35 anos, meu terapeuta me ajudou a descobrir que as raízes de minha ansiedade começaram quando eu ainda estava no ventre.

A necessidade de realizar algo, de agradar às pessoas e de superar-se, a depressão, a solidão, o ódio de si mesmo, a vergonha, a rejeição ou o medo da morte também podem ter origem no ventre materno.

Oramos com muitos pacientes ao longo dos anos pela cura de suas feridas pré-natais. O Deus Pai confirmou nossas orações várias vezes não apenas curando o espírito daqueles indivíduos, mas também indo ao encontro dos pacientes experiencialmente, por meio de fotos, impressões, palavras, toques físicos ou músicas, para citar alguns meios. Ele chega a cada pessoa de maneira única, porque fez cada pessoa única.

Perry, um médico, foi adotado logo após o nascimento. Embora eu (Denise) tenha compartilhado com ele que muitas de suas lutas atuais podiam provir do fato de ele ter sido indesejado desde o início, ele recusava a oração de cura. Ele havia sido adotado por bons pais quando era bebê e não acreditava que seus padrões de vida e bem-estar emocional pudessem ter sofrido um grande impacto assim, enquanto ele ainda estava no ventre.

Continuamos a nos encontrar todas as semanas e tratamos das lutas que ele estava tendo com sentimentos de abandono e de rejeição em seus relacionamentos mais íntimos. Algumas semanas mais tarde, assim que ele entrou no consultório, a primeira coisa que ele disse me surpreendeu totalmente: "Você poderia orar comigo hoje a respeito de quando eu ainda estava no ventre? Li algumas pesquisas médicas que confirmaram o que você me disse".

(Nota: Em vez de tentarmos convencer um paciente de um problema que vemos e acreditamos ser importante, aprendemos a esperar e confiar que o Pai abrirá o coração de seu filho e trará a revelação necessária. O tempo de Deus para a cura é perfeito, e aprendemos a descansar nisso.)

ORAÇÃO PARA CURA DAS FERIDAS PRÉ-NATAIS

A oração que eu (Denise) fiz por Perry seguiu o modelo da que Jerry e eu fazemos por qualquer um de nossos pacientes que sofrem com feridas pré-natais.

A seguir está o modelo que usamos. A oração em si está em itálico; algumas diretrizes para você (como se fosse nosso paciente) aparecem entre parêntesis em fonte normal.

Pai, obrigado porque nem o tempo nem o espaço te limitam. Hoje peço que venhas ao espírito deste pequenino, no ventre, e identifiques todas as feridas no espírito dele desde o momento da sua concepção.

Digo a você [paciente]*, em nome do Senhor Jesus Cristo, que sua vida não é um erro. O Pai o formou do amor que ele é. Ele o planejou e o trouxe à* vida de acordo com seu plano e tempo. Ele já preparou um destino para você e sacrificou seu Filho para que você pudesse viver com ele para sempre.

Pequenino, você é um privilégio, não um fardo. Você é uma alegria e um deleite. Você não é uma decepção. Você não é um intruso. O Pai sussurra baixinho em seu espírito: "Você me pertence, filho precioso, e comemoro quem eu o criei para ser. Hoje, derramo meu amor em forma líquida para envolvê-lo no útero. Receba um novo sopro de vida do Espírito Santo, que preenche seu espírito e dissipa toda morte e escuridão".

Pai, abra os olhos do coração de teu filho para que ele possa ver e sentir que colocas teus braços acolhedores em volta dele. Recebe-o com alegria em teu descanso, para que ele possa crescer em paz na plenitude de vida como tu planejaste desde o início.

Agora pergunto a você [paciente]: "Você perdoará aqueles que lhe causaram feridas de decepção, de vergonha, de medo ou de raiva?" (Você responde. À medida que surgirem outras revelações, você pode optar por perdoar quantas vezes forem necessárias até que esteja libertado.)

"Você escolhe a vida?" (Você responde.)

"Você escolhe nascer?" (Você responde.)

Pai, coloca tua mão de bênção sobre este pequenino, para que ele sinta teu coração de prazer e alegria.

(Ao respirar lentamente, absorva a confiança . . . o descanso . . . e a paz que ele está formando em seu ser.)

Pequenino, você pode ser quem você é — sabendo que o Pai está trazendo plenitude e harmonia ao seu espírito. Você é desejado. Você é celebrado. Você é amado!

Perry teve fé e esperança para crer que a oração iria ajudá-lo, mas não estava preparado para ser levado pelo Pai de volta à sala de parto e ver que ele estava lá quando Perry estava nascendo.

Na visão que Deus lhe deu, Perry sentiu as mãos fortes, mas delicadas, do Papai, tirando-o do ventre de sua mãe. Com o rosto radiante de alegria e de orgulho, o Pai levantou esse pequeno recém-nascido "indesejado" aos céus. Em seguida, levou o precioso bebê ao peito e disse: "Você é meu, e eu nunca o deixarei órfão". E, enquanto o Pai limpava a placenta, Perry pôde sentir toda a rejeição, todo o abandono e toda a vergonha deixando seu corpo, sua alma e seu espírito. Ele foi acolhido; ele foi comemorado; ele não era um erro; ele não era um órfão — ele pertencia ao seu Pai celestial, que chamou Perry de "filho". E, a partir daquele dia, Perry soube quem ele era.

Não tenho palavras para expressar a profunda admiração e gratidão que senti por ter sido convidada pelo Papai a assistir ao nascimento e à milagrosa transformação de seu filho.

A infância e a adolescência em uma família disfuncional

Em uma família disfuncional, os pais transmitem vários tipos de comportamento prejudicial aos filhos, provenientes de sua própria infância, e criam padrões igualmente prejudiciais para estes.

Para evitar a vergonha que emana do núcleo de seu sistema familiar, as crianças aprendem a negar seus próprios sentimentos, vontades e necessidades. Elas perdem seu *verdadeiro eu*, que Deus criou, e, em vez disso, aprendem a usar uma máscara para sobreviver. Esse *falso eu* espera, por meio de como se apresenta, obter aceitação e evitar a dor da rejeição dos outros. Infelizmente, a dor emocional é ainda maior, uma vez que as crianças que crescem usando a máscara do *falso eu* acabam por rejeitar a si mesmas.

A história de Sandra

Sandra foi criada em um lar com problemas com o álcool. Seu pai viajava a negócios cinco dias por semana, mas, mesmo quando estava em casa, não estava emocionalmente disponível.

Ele controlava a casa e as finanças. Uma vez que era ele quem trabalhava, usava isso para justificar o dinheiro que esbanjava com as coisas que lhe interessavam, enquanto a esposa e os filhos aprenderam a viver com pouco.

De vez em quando, toda a família se beneficiava com o egoísmo dele, como quando ele comprou para si mesmo a melhor televisão que havia. Mas, na maioria das vezes, o dinheiro que ele gastava era apenas para seu desfrute pessoal.

A mãe de Sandra tentava agradar ao marido, e aprendeu a sujeitar-se e a manter a boca fechada para evitar as críticas duras que recebia dele. Em um dia ruim, ela se trancava no banheiro para chorar, enquanto o resto da família fingia que estava tudo bem. (As crises de choro provavelmente ocorriam depois de alguns goles às escondidas.) A família jantava sem ela, o que era difícil para Sandra. Seu estômago doía com toda aquela tensão e ansiedade. Mas ela sabia que, se não limpasse o prato, o pai a deixaria sentada ali, a noite toda, até que ela comesse tudo.

Certa noite, quando Sandra tinha oito anos, seu pai saiu pela porta, divorciou-se de sua mãe e se casou com a namoradinha dos tempos do ensino médio. Quando ele saiu naquela noite, disse à Sandra: "Cuide bem da sua mãe e do seu irmão". Então, fechou a porta e saiu da vida deles.

Seu pai não foi o único a fechar uma porta naquela noite. Sandra também fechou a porta para a garotinha de oito anos que ela era e se tornou uma adulta no corpo de uma criança. Afinal, ela agora tinha dois filhos para cuidar: o irmão de quatro anos e a mãe.

Sandra perdeu não apenas pai e mãe, mas também seu eu. Seu coração era órfão. Seu sistema interno de crenças agora se baseava em uma série de mentiras:

- Meu valor está baseado no que eu faço (desempenho), não em quem eu sou (identidade).
- Sou responsável por suprir as necessidades dos outros, com exceção das minhas.
- Meus limites são frágeis. Digo *sim* quando quero dizer *não*.
- Devo ganhar o amor e o respeito das pessoas por mim, mesmo que eu não tenha nenhum dos dois por mim.
- Eu me vejo repetindo meu trauma de infância ao escolher relacionamentos que já me são familiares: abusivos — seja química, emocional ou sexualmente.
- Eu mesma passei a abusar de mim, porque, tendo de cuidar de minha mãe, de meu irmão e de todos os demais, nunca aprendi a amar a mim mesma.

Nos anos que se seguiram, raras foram as vezes em que Sandra viu o pai. Era como se a primeira família dele nem existisse. A mãe se tornou uma alcoólatra funcional durante a semana para poder manter um emprego. Nos fins de semana, no entanto, a história era bem diferente. Era tempo de festejar. Ela muitas vezes levava homens para casa, e Sandra odiava isso.

O MANDAMENTO ESQUECIDO: AME A SI MESMO

Alguns ficavam por alguns meses, mas a história sempre acabava da mesma maneira: mal. Às vezes, os homens tentavam dar em cima de Sandra. Ela passou a tomar muito mais cuidado, sempre observando a sala para tentar manter-se segura. Ficava completamente exausta por estar "de antena em pé" o tempo todo. Nunca conseguia relaxar.

Quando se tornou adulta, Sandra começou a ter conflitos internos. Passou a questionar a si mesma e a Deus. Para ela, tornou-se difícil saber o que sente e pedir o que precisa. Ela tem medo de ser rejeitada e abandonada, mas seus muros não deixam que ninguém a veja ou a conheça. A verdade é que ela nem sabe quem ela é. Ela usa uma máscara e, assim, até abandona a si mesma. Está cansada de ser a pessoa que sempre tem de ceder (não consegue dizer *não*) e que tem de ser responsável e estar no controle. É ela que faz as piores críticas a si mesma, sem dó nem piedade.

No passado, Sandra sempre acabava por chegar às mesmas conclusões: "É assim que eu sou. Se você conhecesse o meu verdadeiro eu, não gostaria de mim; afinal, eu também não gosto de mim. Estou exausta de encenar e tentar ser perfeita para evitar críticas. Eu nem sei quem eu sou de verdade ou qual é o meu lugar. Eu jurei que nunca seria como nenhum dos meus pais, mas me vejo agindo igualzinho a eles".

Mas, agora, Sandra está pronta para dar um passo corajoso de rendição — e voltar para casa: "Deus Pai, por favor, procura por mim e me encontra. Carrega-me, Papai, e me deixa sentir teu amor, por favor. Percebi que nunca descobrirei quem sou sem ti. Tu és a minha única esperança".

Agora que Sandra está pronta para renunciar a seu *falso eu* e redescobrir seu *verdadeiro eu*, o Pai irá guiá-la de volta à sua dor original — que, na verdade, começou muito antes do divórcio dos pais.

Ao viajar para o passado, remover a máscara, encontrar seu *verdadeiro eu* e passar com coragem por toda a mágoa, vergonha, raiva e sofrimento, ela descobrirá a verdade de quem ela é como filha de Deus. Ao reconhecer sua história de vida, da concepção ao presente, ela perceberá o preço que pagou por não ter tido o amor, a afeição, a atenção, a direção e o exemplo de pais de que precisava. Mesmo tendo um pai e uma mãe fisicamente, Sandra era órfã, com todas as feridas de um coração órfão.

Sandra pode não *sentir* muita coisa sobre sua infância. Ela pode de fato sentir-se anestesiada e vazia. Contudo, por trás dos muros que ela ergueu quando era menina, para se proteger da dor, está toda a emoção que ela nunca quis sentir. Por trás dos muros não estão apenas todas as histórias que ela esperava esquecer, mas também novas revelações sobre sua infância que ela nunca levou em consideração.

APROFUNDAR-SE

Vícios são comuns em famílias disfuncionais, conforme a maioria das pesquisas pioneiras baseadas na família com problemas com o álcool.

Hoje também encontramos a mesma correlação com vícios em comida, drogas (prescritas ou ilegais), pornografia, sexo, relacionamentos, jogos de azar, mídias sociais e abuso, para citar alguns. Quanto mais algum desses itens estiver presente na família de origem, mais perdida a criança estará.

Por ironia, quando a criança cresce e recusa-se a reconhecer e a buscar cura para toda a dor de sua infância, ela, em geral, começa a medicar a dor interior não resolvida com o(s) próprio(s) medicamento(s) que escolher. A história se repete, e outra família produzirá outra geração de crianças que clamam por amor.

Na família de origem de Sandra, ela perdeu a voz, os sentimentos e a confiança. Para Sandra se curar, ela terá de sentir dor. Não poderá haver cura enquanto seu coração e suas emoções estiverem entorpecidos e desconectados em seu relacionamento com Deus, consigo mesma e com os outros.

Façamos uma pausa aqui por um instante. Silencie o barulho do mundo ao seu redor e reconheça a presença do Pai com você (quer você *sinta* que ele está aqui ou não). Imagine-se fazendo ao coração em seu peito as seguintes perguntas. (Nota: não estamos procurando respostas bem formuladas, mas uma resposta ligada aos sentimentos sempre que possível.)

Até que ponto é difícil para mim ter sentimentos *positivos*?
Amor, esperança, alegria, paz, confiança, pertencimento, contentamento, compaixão, conexão.

Até que ponto me identifico e tenho sentimentos *dolorosos*?
Raiva, medo, ansiedade, culpa, vergonha, tristeza, rejeição, solidão, vazio, sentimento de que não sou importante, sentimento de que não sou amado, sentimento de que sou imperfeito.

Com que frequência eu simplesmente me sinto *entorpecido* — existindo, mas nunca vivendo de verdade?

Reserve os próximos 5 a 10 minutos (ou mais, se necessário) para refletir sobre as memórias de sua infância, quando você estava crescendo em sua família de origem. Acalme sua mente, seu coração e sua alma com uma oração convidando o Pai a vir com a cura dele. Gostamos de fazer a oração a seguir.

ORAÇÃO PARA CURA DAS MEMÓRIAS DA INFÂNCIA

Deus Pai,

eu te convido a visitar meu passado para que encontres e cures as partes destruídas. Eu te agradeço porque aquele tempo não te impede. Tu desejas curar a casa dentro de mim que há muito estava fechada com tábuas e abandonada.

Pai, eu te dou permissão para abrires a porta de meu coração e todas as janelas. Deixa o vento fresco de teu Espírito começar a soprar. Jesus, abra todas as cortinas para que a "Luz do Filho" de teu amor possa entrar em todos os cômodos de minha alma. Pois onde está tua luz, Jesus, não pode haver trevas. Amém.

Reflita sobre memórias de várias idades de quando você teve sentimentos positivos... depois de quando você teve sentimentos negativos . . . e, então, sobre as vezes em que você se sentiu entorpecido. Onde suas memórias ou sentimentos estiverem bloqueados, peça ao Senhor que derrube os muros para que você possa conectar-se com esse passado. Se algumas das lembranças forem muito dolorosas, vá apenas até onde você achar possível. No entanto, você também precisará estar de acordo com o Pai no sentido de permitir que ele o leve mais longe quando ele lhe disser que você está pronto. Ele nunca irá além de seus limites, mas lembre-se de que Jesus tem em seu histórico o hábito de aparecer em salas com portas trancadas (Jo 20.19) — e isso é algo muito bom.

[Nota: talvez seja útil voltar aos capítulos 7 e 8 e orar por quaisquer mecanismos de defesa (páginas 107–113), votos (114–115) ou mentiras

(136-137) que o estejam impedindo de conectar-se com as memórias e os sentimentos de sua criança interior.]

Sandra, em meio ao tempo que passou em contato com seus sentimentos íntimos e memórias de infância, começou a escrever uma conversa de via de mão dupla com Deus. Este é um excelente exemplo de como ir um pouco mais longe (e mais fundo) na disciplina espiritual de escrever para Deus pedindo que ele "responda para você".

Depois de escrever uma pergunta ou pensamento, ouça em seu espírito os pensamentos do Pai e os coloque no papel. Continue esse processo, registrando o diálogo entre você e Deus. Muitas vezes, os pensamentos que lhe ocorrerem não apenas irão surpreendê-lo, mas também irão desarmá-lo no bom sentido.

Não despreze os pensamentos que lhe ocorrerem, dizendo: "Isso não é de Deus; é coisa minha". Simplesmente continue a anotar as impressões que você tiver como sendo a voz baixinha e suave de Deus. É óbvio que os pensamentos de Deus sempre estarão de acordo com as Escrituras, e o coração de amor dele, voltado para você.

Uma conversa com Deus
Esta é a conversa de Sandra.

(Há um "momento de Deus" abaixo em que eu [Denise] fico maravilhada com a resposta divina. Eu lhe direi qual é mais adiante, mas veja se você consegue perceber também.)

Pai, aqui estou em pé junto à porta que fechei há tanto tempo. Está escuro lá dentro, e estou com muito medo de abri-la.
Eu estarei bem aqui com você.

Eu sei que devo confiar em ti. Eu sei que tu és por mim. Então, por que há uma luta em meu íntimo para eu fugir e me esconder? Por que é tão difícil para mim abrir a porta?
Porque a ferida é profunda . . . e encará-la significa mudar. Ela está no centro de quem você acredita ser. Mas eu quero lhe mostrar quem você é de verdade.

E se eu só me machucar mais ao ver o que perdi?
Nada está perdido comigo. Eu sou o Redentor e Restaurador. Eu não deixo nada se perder.

Vai doer.
Vai.

Eu não gosto de dor. Eu a evito a todo custo. Não quero ver o que tem lá dentro. Não quero me lembrar daquilo pelo que me esforcei tanto para esquecer.
A dor será apenas pelo tempo que for necessário — nada mais. "O choro pode persistir uma noite, mas de manhã irrompe a alegria" (Sl 30.5).

Não quero ficar presa a essas lembranças dolorosas.
Você já está.
Minha filha, estou pedindo que você confie em mim e deixe-me curar seu coração.

Tudo bem, Papai, vou abrir a porta. "Embora [tu] me [mates], ainda assim esperarei [em ti]" (Jó 13.15).
Eu não vou matá-la, minha filha. Vou curá-la. Abra a porta de seu coração que a vergonha fechou e me diga o que vê.

A sala está escura. Estou assustada. Por favor, não me deixe.
Eu estou bem aqui, ao seu lado. Não tenha medo. Eu nunca vou deixá-la, minha preciosa. Segure minha mão. Eu estou com você — sempre.

(Minha resposta do "momento de Deus": a verdade de Deus trespassa o melhor argumento de Sandra quando ela diz: "Não quero ficar presa a essas lembranças dolorosas", e Deus responde: *"Você já está"*. Como isso é poderoso!)

Inversão de papéis entre pais e filhos e o cônjuge substituto

A *inversão de papéis entre pais e filhos* ocorre quando a criança assume a responsabilidade de cuidar de um dos pais, porque ele não está disposto a isso ou é incapaz de cumprir seu papel.

O *cônjuge substituto* é uma forma mais séria de inversão de papéis entre pais e filhos em que a criança e um dos pais desenvolvem um vínculo pouco saudável. A criança se torna o apoio emocional, o confidente e o conforto para um dos pais.

A história de Josh

Josh cresceu em uma família sexualizada e cheia de vícios. Seu pai era viciado em trabalho, em pornografia e em sexo. Ele guardava revistas pornográficas no porta-revistas na sala de estar e, quando Josh, por fim, ficou noivo, aconselhou o filho a "pegar a mulherada" antes do casamento, para ter certeza de que a noiva era a mulher certa para ele.

A mãe de Josh era viciada em comida e não tinha um pingo de vergonha dentro de casa. E o irmão mais novo de Josh também lutava contra os vícios desde a adolescência.

O pai de Josh tinha um problema com a raiva. Ninguém nunca sabia quando ele estava prestes a explodir. Em uma questão de um ou dois minutos, o assunto estava resolvido para o pai, mas não para Josh. Ele interiorizou o medo e a vergonha que sentia e passou a ser uma criança muito ansiosa. Ele ainda luta contra essa ansiedade hoje, sobretudo quando sente que não está correspondendo às expectativas.

No início da infância de Josh, desde que ele se entende por gente, ele sentia pena da mãe. Podia dizer que ela estava infeliz e tentava encontrar maneiras de ajudá-la em casa, para que ela se sentisse melhor. Ele limpava o chão, tirava o pó, cozinhava e fazia qualquer outra coisa que pudesse ajudar. Sentia a necessidade de protegê-la. Quando o pai e a mãe discutiam, ele se colocava entre eles, sempre ficando do lado da mãe e dizendo ao pai: "Pare! Pare de gritar!" Ela muitas vezes elogiava Josh pelo que fazia por ela, e isso fazia com que ele se sentisse amado e especial.

Com o passar do tempo, a mãe de Josh começou a se abrir mais e a compartilhar seus sentimentos com ele — muitas vezes sobre seu relacionamento com o pai. Essas confidências secretas criaram um vínculo estreito entre Josh e a mãe.

O MANDAMENTO ESQUECIDO: AME A SI MESMO

Enquanto ela lhe confidenciava várias coisas, Josh se sentia bem por poder estar lá para ajudá-la. No entanto, quando ele estava no ensino médio, e sobretudo depois que saiu de casa, a necessidade da mãe começou a parecer "asquerosa" (não é um termo muito técnico, mas descreve muito bem a situação). Josh queria pedir a ela que parasse de lhe fazer confidências, mas tinha medo de magoar os sentimentos da mãe. Então tinha de confortá-la ainda mais.

Com o pai de Josh distante e irritado, e a mãe muito próxima e carente, Josh não tinha ninguém para suprir *suas próprias* necessidades. Então, logo no início, ele aprendeu a se confortar por meio da masturbação. Com seu histórico familiar, era quase impossível evitar uma tendência geracional a algum tipo de vício.

Agora, aos 35 anos, Josh está experimentando uma ansiedade maior e tendo ataques de pânico ocasionais — algo que nunca havia tido.

Depois que Josh se casou, sua conexão com a mãe continuou. Ele racionalizou que não havia nada errado com isso — ele estava apenas honrando à sua mãe, como diziam as Escrituras. Não demorou muito, no entanto, para que sua esposa ficasse chateada e magoada. "Sua mãe é mais importante para você do que eu. Com quem você se casou? Com ela ou comigo?"

Os problemas entre Josh e a esposa eram ainda maiores, porque Josh não só havia invertido os papéis de pai e filho, mas também estava envolvido com a mãe. Como cônjuge substituto, ele era incapaz de "deixar a mãe e se unir à sua esposa".

A inversão de papéis e o envolvimento nocivo, quando não curados, entram em guerra com o casamento de *uma só carne* designado por Deus. Quando o marido e a esposa conseguem descansar no coração um do outro, eles, como casal, podem descansar com mais facilidade no coração do Pai.

Nem Josh nem sua esposa perceberam que havia outra pessoa no casamento deles: a mãe de Josh. A intimidade pouco saudável de Josh com a mãe no passado estava criando um bloqueio no presente a uma intimidade saudável entre Josh e a esposa e em seu relacionamento com Deus.

A história de Madison
Os pais de Madison se divorciaram quando ela estava com oito anos. Ela e o irmão, três anos mais novo, passaram a morar com a mãe a partir daí. O pai de Madison havia sido infiel no casamento, o que, por fim, levou o casal ao divórcio.

Após o divórcio, o pai de Madison se mudou de estado, por isso ela raramente o via. Sua mãe ficou bastante deprimida, então Madison, mesmo com oito anos de idade, começou a assumir mais e mais responsabilidades. Começou a cuidar do irmão e assumiu mais tarefas domésticas. Se sua mãe ficasse chateada, Madison estava ao seu lado para confortá-la. Embora houvesse momentos em que quisesse sair e brincar com as amigas, ela ficava orgulhosa de poder ajudar em casa. Era muitas vezes elogiada por ser uma "menina adulta".

Depois de dois anos, sua mãe saiu da depressão, mas Madison continuou com suas responsabilidades em casa e ainda se sentia responsável pela mãe. Quando Madison tinha 12 anos, sua mãe se casou de novo.

Madison não gostava do padrasto e fechou seu coração. Ela odiava o próprio pai por tê-los abandonado e projetou sua raiva e seus ressentimentos no padrasto. A atenção da mãe estava em fazer o casamento dar certo, assim, em muitos sentidos, Madison também perdeu a mãe.

No ensino médio, Madison mergulhou nos estudos e nos esportes. Ela interagia com o padrasto o mínimo possível e mal podia esperar para terminar o ensino médio e ir para uma faculdade o mais longe possível.

A história de Rita

Rita cresceu como a filha do meio. Desde os primeiros anos de vida, ela não se sentia próxima da mãe, que era exigente e crítica e não tinha paciência para lidar com os "altos e baixos" emocionais, como os chamava, da filha.

Rita nunca se sentiu cuidada pela mãe. Recebia pouco afeto e nunca ouvia a mãe dizer: "Eu amo você". Se Rita perguntasse diretamente à mãe se ela a amava, a mãe dizia: "Que pergunta idiota! Você já sabe a resposta". Infelizmente, a verdade era que Rita *não* sabia a resposta e nunca sentiu nem um pouco o amor da mãe.

O pai de Rita era mais tranquilo, passivo e não gostava de confrontos, sobretudo com a esposa. Mesmo quando a mãe de Rita ficava nervosa com ele e às vezes o atacava verbalmente, ele evitava dizer qualquer coisa que a deixasse mais contrariada ainda. Ele se retirava emocional e fisicamente para dar à esposa espaço e tempo para se acalmar. Embora Rita tivesse desenvolvido certo ressentimento da mãe por descontar nela as frustrações que tinha, ela odiava ainda mais quando a mãe atacava o pai.

Rita e o pai desenvolveram um vínculo estreito um com o outro. Uma vez que eram vítimas de abuso emocional e verbal, os dois descobriram que podiam consolar emocionalmente um ao outro, quando um deles fosse alvo dos ataques da mulher.

Rita e o pai também gostavam de aninhar-se um no outro para assistir a filmes. Eles gostavam apenas de estar juntos durante esses momentos. Descobriram que podiam compartilhar qualquer coisa um com o outro, sobretudo porque ambos se sentiam seguros em seu relacionamento.

A mãe de Rita era a inimiga comum, e nenhum deles queria confrontá-la. Ambos concluíram: "É assim que ela é". Nenhum deles aprendeu a estabelecer limites para ela, nem confrontá-la sobre a necessidade dela de fazer uma terapia.

O impacto da inversão de papéis entre pais e filhos e o cônjuge substituto
A questão central na inversão de papéis entre pais e filhos é que uma criança *dá* a um dos pais, em vez de *receber*, o que esse pai deveria dar a ela. A criança perde o amor, o afeto, o senso de pertencimento, a proteção e a direção emocional e espiritual que são essenciais ao seu desenvolvimento.

Quando essas necessidades fundamentais não são reconhecidas na criança, ela muitas vezes luta mais tarde para receber amor de outras pessoas, incluindo de Deus — e para ser de fato capaz de amar a si mesma. Ela se esforça tanto para servir a um dos pais e aos outros que muitas vezes luta para identificar suas próprias necessidades, vontades e desejos.

Ao olhar para sua infância, você pode se sentir confuso e responder: "Mas minha mãe e eu éramos próximos, e eu sei que ela me amava e me apreciava".

Como terapeutas, nós responderíamos: "Sim, sua mãe *realmente* amava você, mas não reconheceu que os papéis estavam invertidos e fora da ordem de Deus. Você deveria ser a criança, e ela deveria ser a adulta. Havia muitas coisas que você precisava receber dela, mas, em vez disso, era você quem dava, e ela, quem recebia. O amor seguia no fluxo errado. Uma vez que você não recebeu o que precisava dela quando você era criança, passou pela vida com um '*deficit* de amor'. Há uma parte mais jovem sua que ainda clama para que esse *deficit* seja preenchido, e você, como adulto, está reagindo a essa necessidade. É uma ferida cheia de medo, vergonha e autodependência que deve ser curada. Você deve enfrentar a realidade de que perdeu grande parte de sua infância".

O cônjuge substituto existe quando um dos pais depende de um filho para ter apoio emocional. A criança — muitas vezes do sexo oposto, mas não necessariamente — torna-se um confidente e uma fonte de conforto para esse pai. Esse conforto pode, às vezes, incluir também mais toques físicos (abraçar-se) e, em alguns casos, de fato dormir juntos. No entanto, isso não precisa necessariamente avançar para algo físico ou sexual para causar danos significativos à criança.

Como você leu na história de Josh, ele começou a sentir pena da mãe, pois ela estava infeliz no casamento. Ele começou a assumir o fardo dela, que não cabia a ele carregar. A mãe começou a compartilhar mais coisas com ele — sobretudo em relação ao marido (pai de Josh) —, coisas que eram inadequadas para ele ouvir.

Todos os sintomas adultos da inversão de papéis entre pais e filhos se aplicam ao cônjuge substituto, mas o impacto vai além. Há confusão e um conflito interno na criança que se desenvolve em um nível profundo e muitas vezes inconsciente. Esses sintomas incluem:

- medo e ansiedade no íntimo;
- estar cansado com frequência, mas com dificuldade de "descansar por dentro";
- sentir necessidade de manter as coisas em ordem e sob controle, o que impede que outras pessoas tenham opinião e contribuam;
- ter dificuldade em se conectar com os próprios sentimentos e, às vezes, com os sentimentos dos outros;
- ter dificuldade em confiar nos outros e em Deus — muitas vezes sentindo e agindo com base na necessidade de intervir, sobretudo quando um erro foi cometido ou um problema precisa ser corrigido.[46]

O MANDAMENTO ESQUECIDO: AME A SI MESMO

APROFUNDAR-SE

À medida que você começa a aprofundar-se em sua própria infância, devemos fazer uma pausa e convidar o Pai a entrar nesse processo: "Pai, por favor, revela as maneiras pelas quais fui muito próximo de minha mãe ou de meu pai (ou de meu próprio filho ou filha). Percebo agora que posso ter-me perdido ao suprir as necessidades deles. Quero ver o que tu vês e sentir o que tu sentes. Onde estive em negação, peço que reveles a verdade para que eu possa ser curado e livre para me tornar tudo o que tu me criaste para ser".

(Nota: Se você se sentiu emocionalmente tocado ao ler as histórias anteriores, volte e destaque as partes que o afetaram. Isso pode ajudá-lo a responder às perguntas a seguir.)

Dê uma boa olhada em como as coisas eram em sua infância e em sua adolescência e no tipo de relacionamento que você tinha com sua mãe e seu pai. Esse relacionamento era diferente do relacionamento que seus irmãos tinham com um deles, e, em caso afirmativo, de que maneira? Alguém já demonstrou uma preocupação ou fez uma observação de que seu relacionamento com um de seus pais é prejudicial ou desequilibrado?

Alguma parte das histórias que você leu se aplicou a você quando era criança? Se a resposta for *sim*, como isso o afetou de maneira negativa? Como isso o afetou em seu relacionamento atual com um de seus pais? Você se sente mais jovem ou mais criança perto de seus pais? Você é capaz de expressar limites e padrões saudáveis de relacionamento com seus pais e com outras pessoas?

Observemos as histórias que compartilhamos de uma perspectiva diferente. Você se vê como a mãe ou o pai em alguma dessas histórias? Você se vê, agora ou no passado, permitindo que seu próprio filho assuma papéis que ele não deveria ter assumido? Se a resposta a essas perguntas for afirmativa, que mudanças você deseja fazer em relação ao(s) seu(s) próprio(s) filho(s)?

Por fim, como acontece com a maioria dos que se feriram, uma pessoa que assumiu o papel dos pais não ama a si mesma, embora não tenha ideia de que é isso que está acontecendo. A cura para a inversão de papéis entre pais e filhos ou o cônjuge substituto requer que você lide com a criança emocionalmente ferida que há em você e também se afaste das mentiras que o inimigo reforçou ao longo do tempo. Isso só pode acontecer por meio da presença e do poder de Deus, que é quem de fato cura.

Sabemos que a cura para essa área é, sem dúvida, possível. Nós a vimos acontecer em nossa própria vida e em nosso casamento e na vida de muitos outros.

ORAÇÃO DE CURA PARA A INVERSÃO DE PAPÉIS ENTRE PAIS E FILHOS E O CÔNJUGE SUBSTITUTO

Pai, reconheço que assumi um papel quando era criança que não era meu. Tornei-me um pai quando era apenas uma criança e precisava que minha mãe e meu pai exercessem o papel de pais. E, Senhor, onde assumi o papel de cônjuge para minha mãe ou meu pai e desenvolvi uma proximidade ou vínculo que nunca deveria ter tido, ajuda-me a ver como isso afetou de maneira negativa a mim e aos meus relacionamentos mais íntimos. Não é a ordem que tu intentaste e, por causa disso, tenho pagado um preço alto.

Havia coisas importantes que me eram necessárias, e não recebi; e, em muitos sentidos, perdi minha infância. Pai, isso custou muito para muitos outros em minha vida e me fez sufocar meus sentimentos — fechar meu coração. Também me levou a assumir a responsabilidade pelos que estavam ao meu redor e a ser mais controlador e insensível para com eles. Senhor, perdoa-me por assumir o papel que não era meu de um de meus pais, quando eu era criança. Perdoa-me pelas maneiras como machuquei os outros como resultado disso. Eu te agradeço por teu perdão, e também perdoo a mim mesmo.

Senhor, peço que quebres qualquer vínculo ou laço pouco saudável da alma que exista entre mim, minha mãe ou meu pai e restaures em mim tudo o que me criaste para ser. Entra naqueles lugares profundos onde há vergonha, medo e autodependência e cura o que somente tu podes curar. Não quero mais estar no controle. Entrego essa necessidade a ti. Faz-me dependente de ti. Mostra-me as necessidades, as vontades e os desejos dentro de mim que foram suprimidos.

Vem e encontra aquela criança lá dentro e me ajuda a ver o que vês e a sentir o que sentes em relação a mim. Pai, essa criança precisa ser criança de novo. Desperta aquelas partes em mim que precisam reviver e leva essa criança a descansar em teus braços. Escolho confiar a ti essa criança que há em mim e também quem sou hoje, e peço que tragas tua presença curadora. Oro tudo isso em nome de teu Filho, Jesus. Amém.

Fechando o círculo, de volta ao "Pai pródigo"

Para o filho rebelde, a cura começou quando ele voltou para a casa do Pai. E, como esse filho, também devemos voltar para casa, a fim de iniciarmos o processo de cura de nosso coração ferido.

O filho saiu de casa com uma visão distorcida de seu Pai — Deus. Ele era indiferente à dor que estava causando com sua raiva, seu egoísmo, sua teimosia e seu orgulho. O filho tinha um buraco na alma que pensava que poderia preencher com os prazeres e as extravagâncias do mundo. Mas, quando o filho chegou ao fim de seu caminho — de si mesmo —, a única extravagância de que precisava era o amor do Pai.

Como muitos, julgamos Deus do lugar onde estamos com nossas feridas. E não é por acaso que, em nossa própria pobreza e fraqueza, nosso quebrantamento e desespero, descobrimos que o Pai, a quem julgamos mal, é nosso maior fã. Toda vez que seu amor generoso toca uma ferida em nós, começamos a ser curados — não de imediato, mas por meio de uma jornada de autodescoberta e descoberta da verdade.

Dizemos aos nossos pacientes que há três perguntas que eles devem trabalhar juntos com Deus:

1. *O quê?* (O que aconteceu que não deveria ter acontecido e o que não aconteceu que deveria ter acontecido?)
2. *E aí?* (Isso teve importância? Pedimos ao paciente para dizer ao Pai: "Se era grande coisa para ti, quero que seja grande coisa para mim".)
3. *E agora?* (Ao permitir que Deus revele a história de seu passado aos olhos dele, você poderá ver a verdade, sofrer por suas feridas, perdoar pessoas importantes e a si mesmo e tornar-se a pessoa autêntica e verdadeira que o Pai intentou que você fosse.)

Uma palavra de encorajamento

Para concluir, deixamos estas palavras sábias e encorajadoras de Henri Nouwen:

> Você foi ferido de várias maneiras. Quanto mais você se abrir para ser curado, mais descobrirá como suas feridas são profundas. Você será tentado a desanimar, porque, sob cada ferida que descobrir, encontrará outras. Sua busca pela verdadeira cura trará dor. Será preciso derramar muitas lágrimas.
>
> Mas não tenha medo de sua jornada de cura. Seu Pai fez com que você estivesse mais ciente de suas feridas do passado, e isso significa que ele também lhe deu força suficiente para enfrentá-las.
>
> O grande desafio é *viver* suas feridas em vez de *pensar* nelas. É melhor chorar do que se preocupar; é melhor sentir suas feridas de maneira profunda do que entendê-las; é melhor deixá-las entrar em seu silêncio do que falar sobre elas. A escolha que você tem constantemente à sua frente é saber se deve levar suas feridas à sua mente ou ao seu coração.
>
> Na mente, você pode analisá-las, achar as causas e as consequências dessas feridas e encontrar palavras para falar e escrever sobre elas. Mas é provável que nenhuma cura definitiva venha dessa fonte. É preciso deixar suas feridas descerem ao seu coração. Então você poderá vivenciá-las e descobrir que elas não irão destruí-lo, pois seu coração é maior que suas feridas.[47]

EPÍLOGO

Aos nossos leitores, *obrigado*!

Somos abençoados por você nos ter acompanhado neste caminho de cura. Trata-se de uma jornada que vale a dor de cabeça e o risco. Para encerrarmos, desejamos compartilhar mais uma vez com você uma verdade básica, porém profunda: Deus está com você. Ao longo de sua jornada para a cura, para a plenitude e para a vida, tenha certeza disto:

> Deus está aqui, neste momento, do seu lado e ao seu lado; com os braços ao seu redor. Ele está empenhado em tentar ajudá-lo, e *nunca* irá abandoná-lo. Ele está olhando com você para suas dificuldades, suas perguntas, suas lutas. São vocês dois juntos. Ele é um socorro sempre presente na angústia. Ele é apaixonado por VOCÊ, a alegria e o orgulho da vida dele!

Estas são as boas novas. Novas *incrivelmente* boas. Queridos amigos, este é o verdadeiro evangelho!

> "Mas, por enquanto . . . temos três coisas que nos guiam: . . . confiança firme em Deus, esperança inabalável e amor extravagante. E o melhor desses três é o amor." (1Co 13.13 MSG).

NOTAS FINAIS
[Fontes bibliográficas]

1. MOORE, Beth. *Breaking Free* [*Liberte-se*]. Nashville: Broadman and Holman, 2000, p. 197. [Título publicado no Brasil pela Bom Pastor, 2001.]
2. ELDREDGE, John. *Waking the Dead* [Despertando os mortos]. Nashville: Thomas Nelson, 2003, p. 211-212.
3. ELLS, Alfred. *One-Way Relationships Workbook* [Livro de exercícios sobre relacionamentos unilaterais]. Nashville: Thomas Nelson, 1992, p. 13.
4. NOUWEN, Henri. *The Inner Voice of Love* [A voz íntima do amor]. Nova York: Doubleday, 1996, p. 78-79. [Título publicado no Brasil pela Paulinas, 1999.]
5. MASON, Mike. *The Mystery of Children* [O mistério das crianças]. Colorado Springs: WaterBrook Press, 2001, p. 176-177. [Título publicado no Brasil pela Mundo Cristão, 2004.]
6. ELDREDGE, John. *The Way of the Wild Heart* [A grande aventura masculina: como encontrar seu coração selvagem e descobrir uma vida de desafios e emoções]. Nashville: Thomas Nelson, 2006. [Título publicado no Brasil pela Thomas Nelson Brasil, 2017.]
7. Para ler com detalhes a história dessa mulher [cujo nome foi omitido], veja: *http://www.passionatehealthonline.com/letter_teresa.html*.
8. MILLER, Donald. *Father Fiction* [Pai fictício]. Nova York: Howard Books, 2010, p. 38-39.
9. Para obter mais informações, veja *http://www.fathersloveletter.com/text.html*.
10. BICKLE, Mike. *The Pleasures of Loving God* [Os prazeres de se amar Deus]. Lake Mary, FL: Creation House, 2000, p. 68-69.
11. SMITH, James Bryan. *The Good and Beautiful God* [O maravilhoso e bom Deus]. Downers Grove, IL: Intervarsity Press, 2009, p. 121. [Título publicado no Brasil pela Vida, 2010.]

12. HESCHEL, Abraham Joshua. *God in Search of Man* [Deus em busca do homem]. Nova York: The Noonday Press, 1983, p. 74. [Título publicado no Brasil pela Arx, 2006.]
13. HILL, S. J. *Enjoying God* [Desfrutando de Deus]. Lake Mary, FL: Relevant Media Group, 2001, p. 90-91.
14. MILLER, Donald. *Father Fiction*, p. 47.
15. Ibid., p. 49-50.
16. MAKI, Julianne e MAKI, Mark. *Christian Adults in Recovery* [Adultos cristãos em recuperação]. Brea, CA: autopublicado, 1992, p. 95-96.
17. STOOP, David. *Making Peace with Your Father* [Fazendo as pazes com seu pai]. Wheaton, IL: Tyndale House, 2004, p. 150-151.
18. MILLER, Donald. *Father Fiction*, p. 35-36.
19. WARREN, Roland. Entrevistado por Matt Lauer, *NBC Today Show*, 11 de junho de 2010.
20. MILLER, Donald. *Father Fiction*, p. 38.
21. FROST, Jack. *Experiencing the Father's Embrace* [Sentindo o abraço do Pai]. Lake Mary, FL: Charisma House, 2002, p. 112-113. [Título publicado no Brasil pela BV Films, 2014.]
22. NOUWEN, Henri. *Life of the Beloved* [A vida do Amado]. Nova York: Crossroad Books, 1992, p. 93-95,100-101.
23. ELDREDGE, John. *Wild at Heart* [Coração selvagem: Descobrindo o segredo da alma de um homem]. Nashville: Thomas Nelson, 2001, p. 128–129. [Título publicado no Brasil pela Thomas Nelson Brasil, 2019.]
24. SANDFORD, John e SANDFORD, Paula. *The Transformation of the Inner Man* [A transformação do homem interior]. Tulsa: Victory House, Inc., 1982, p. 191-205.
25. MAKI, Julianne e MAKI, Mark. *Christian Adults in Recovery*, vii.
26. EMERSON, Judy. *In the Voice of a Child* [Na voz de uma criança]. Nashville: Thomas Nelson, 1994, p. 71-72.
27. WHITFIELD, Charles, médico. *Healing the Child Within* [Curando a criança interior]. Deerfield Beach, FL: Health Communications, Inc., 1989, p. 46-47.
28. KYLSTRA, Chester e KYLSTRA, Betsy. *An Integrated Approach to Healing Ministry* [Uma abordagem integrada do ministério de cura]. Kent, England: Sovereign World, 2003, p. 130-133.

29. BRADSHAW, John. *Homecoming* [Volta ao lar: como resgatar e defender sua criança interior]. Nova York: Bantam Books, 1990, p. 47-49. [Título publicado no Brasil pela Rocco, 1993.]
30. KUBLER-ROSS, Elizabeth. *On Death and Dying* [Sobre a morte e o morrer]. Nova York: Scribner, 1969, p. 263-264. [Título publicado no Brasil pela Martins Fontes, 1996.]
31. ANDERSON, Neil. *Ministering the Steps to Freedom in Christ* [Ministrando os passos para a liberdade em Cristo]. Delight, AR: Gospel Light, 1998, p. 54-56.
32. MANNING, Brennan. *The Signature of Jesus* [A assinatura de Jesus]. Sisters, OR: Multnomah, 1996, p. 100-101. [Título publicado no Brasil pela Vida, 2014.]
33. KENDALL, R. T. *Total Forgiveness* [Perdão total]. Lake Mary, FL: Charisma House, 2002, p. 162. [Título publicado no Brasil pela Matrix, 2017.]
34. SMITH, James Bryan. *Embracing the Love of God* [Experimentando o profundo amor de Deus]. San Francisco: Harper, 1995, p. 37-38. [Título publicado no Brasil pela Vida, 2010.]
35. CLARAVAL, Bernardo de. *On Loving God* [Sobre amar a Deus], citado em John Eldredge, *Waking the Dead*, Nashville: Nelson Books, 2003, p. 213.
36. *Nelson's Illustrated Bible Dictionary* [Dicionário bíblico ilustrado Nelson]. Nashville: Thomas Nelson, 1986, PC Study Bible, V4.1A.
37. *Vine's Expository Dictionary of Biblical Words* [Dicionário Vine]. Nashville: Thomas Nelson, 2000, PC Study Bible, V4.1A. [Título publicado no Brasil pela CPAD, 2002.]
38. SMITH, James Bryan. *The Good and Beautiful God* [O maravilhoso e bom Deus]. Downer's Grove, IL: InterVarsity Press, 2009, p. 155-156. [Título publicado no Brasil pela Vida, 2010.]
39. SEAMANDS, David. *Healing Grace* [O poder curador da graça]. Wheaton, IL: Victor Books, 1988, p. 23-24. [Título publicado no Brasil pela Vida, 2006.]
40. LYNCH, John, McNICOL, Bruce e THRALL, Bill. *The Cure: What If God Isn't Who You Think He Is And Neither Are You* [A cura: e se Deus não for quem você pensa que ele é, e você também não for]. San Clemente, CA: CrossSection, 2011, p. 27-38.
41. Ibid.

42. SMEDES, Lewis. *Shame and Grace* [Vergonha e graça]. San Francisco: Harper, 1993, p. 108-109.
43. MANNING, Brennan. *The Ragamuffin Gospel* [O Evangelho maltrapilho]. Sisters, OR: Multnomah, 1990, p. 29. [Título publicado no Brasil por Mundo Cristão, 2013.]
44. GUNNIN, Michelle. Child at Play [Criança a brincar]. http://www.mgunnin.blog.com, 31 de julho de 2010.
45. NELSON, Portia. *Portrait of Progress* [Retrato do progresso], citado em MAKI e MAKI, *Christian Adults in Recovery*, p. 105.
46. SANDFORD. *The Transformation of the Inner Man*, p. 320-21.
47. NOUWEN, Henri. *The Inner Voice of Love*, p. 109-10. [Título publicado no Brasil pela Paulinas, 1999.]

www.ingramcontent.com/pod-product-compliance
Lightning Source LLC
Chambersburg PA
CBHW071352290426
44108CB00014B/1522